한 권으로 끝내는

공공홍보
이론부터 실전까지

한 권으로 끝내는 공공홍보
이론부터 실전까지

조은경 지음

마음세상

프롤로그 ⋯ 8

제1장 공공홍보 제대로 알기

공공홍보가 뭐지? ⋯ 11

공공홍보, 기업홍보와 뭐가 다를까? ⋯ 14

공보는 뭐고, 홍보는 뭐야? ⋯ 18

공공홍보에는 어떤 활동이 있을까? ⋯ 20

홍보 기획, 어떻게 하지? ⋯ 27

잘 만든 콘텐츠도 다시 봐야 하는 이유! ⋯ 32

홍보 전문가로 살아남기 위해 필요한 3力 ⋯ 36

제2장 홍보의 기본 '언론홍보' 파헤치기

기자에게 '원픽' 되는 보도자료 작성법 ⋯ 39

보도자료 배포, Best 타이밍/Worst 타이밍 ⋯ 45

보도자료, 언론에 보도될 때까지 긴장을 늦추지 마라! ⋯ 50

보도사진, 찍어도 되는 것과 찍으면 안 되는 것 ⋯ 53

보도자료 작성 시 혼동하기 쉬운 표기법 완전 정복 ⋯ 56

보도자료 작성 시 바꿔 써야 할 단어와 문장 ⋯ 60

미디어 트레이닝, 선택 아닌 필수! ⋯ 63

성공적인 언론 인터뷰를 위한 준비 팁! ⋯ 66

인터뷰 시 난감한 질문을 피하는 6가지 요령 ⋯ 71

TV 인터뷰 잘하는 법 ⋯ 76

홍보인에게 기자는 '최고의 자산' ⋯ 81

제3장 소통 대세, 소셜 홍보 따라 하기

뉴미디어와 친하신가요? ⋯ 89

공공기관 SNS 운영의 기본원칙 … 92

댓글 민원에 대응하는 현명한 방법 … 96

콘텐츠 다이어트 시대, '숏폼'으로 승부하자! … 98

유형별로 알아보는 숏폼 콘텐츠 전략 … 100

뉴미디어 시대 콘텐츠 전달법, 카드뉴스 … 103

저작권 걱정 없는 SNS 콘텐츠 제작 사이트 … 109

소셜미디어의 홍보 효과 측정 방법 … 111

제4장 직접 소통, 참여 홍보 노하우

홍보 예산이 없다고? 협업 기업을 찾아봐! … 114

공공기관도 굿즈가 대세! … 119

진화하는 공공기관 캐릭터 … 123

참여 홍보의 끝판왕, 공공 행사 성공법 … 126

제5장 도전! 공공홍보 제안 입찰

나라장터가 뭐예요? … 131

가격입찰도 전략이다 … 135

홍보 입찰에 실패하지 않는 방법 … 138

전략의 근거, 리서치로 뒷받침하라 … 142

홍보 입찰의 꽃, 프레젠테이션 … 145

PT 후 리뷰 리포트를 작성하라 … 150

에필로그 … 152

[부록 1] 홍보 기획자에게 영감을 주는 '필독' 사이트 … 154

[부록 2] 예비 홍보인을 위한 FAQ … 157

프롤로그

필자는 10여 년간 글로벌 PR 회사에 몸담으며 다양한 기업의 홍보 대행을 업으로 삼아왔다. 그러던 어느 날 첫 직장 선배를 통해 공공홍보대행사에 대해 알게 되었다. 그 회사는 건물 외벽에 '더 나은 대한민국을 디자인합니다'라는 거창한 캐치프레이즈를 내걸고 정책홍보, 공공캠페인, 정책 컨설팅 등을 추진하는 공공홍보 전문 대행사였다. 더 나은 대한민국을 만드는 데 기여하고 싶다는 욕심에 공공홍보대행사로의 이직을 결심했다.

그렇게 입사한 2010년, 회사는 이제 막 매출을 70억을 넘긴 상태였다. 그랬던 회사가 2016년 단기 매출 200억을 달성했으니 매년 두 배씩 성장한 셈이다. 가격 경쟁이 치열하고, 대형 프로젝트가 많지 않은 공공홍보 시장에서 200억 이상의 매출을 달성하는 것은 그야말로 이례적인 일이 아닐 수 없다.

대한민국을 대표하는 홍보회사에서 10여 년간 일하며 안 맡아 본 공공기관 홍보용역이 없을 정도로 많은 정부 부처의 정책홍보, 공공캠페인 사업을 수행했다. 그러나 처음부터 쉬운 일은 아니었다. '굵직한 외국계 기업의 홍보대행을 오래 경험했으니 못할 것이 뭐가 있으랴?' 라고 생각했지만 첫 번째 홍보 입찰부터 난관에 부딪히며 많은 시행착오를 겪어야 했다.

이 글을 쓰는 이유도 공공홍보 업무를 처음 시작하는 누군가에게 시행착오와 두려움 없이 이 길을 걸어갔으면 하는 바람에서다. 더 많은 공공홍보 새내기들이 소통 전문가로 성장하며 더 나은 대한민국을 멋지게 디자인해 나가기를 기대한다.

제1장
공공홍보 제대로 알기

공공홍보가 뭐지?

사람들은 이야기한다.

"공공홍보가 왜 필요하죠? 국민 세금만 낭비하는 거 아닌가요?"라고 말이다.

공공기관에서 진행하는 홍보는 국민 세금으로 운영되다 보니 일반 기업처럼 충분한 예산을 들여 홍보하는 것을 불필요하게 인식하는 경우가 많다. 공공홍보가 민간기업의 홍보 활동보다 더 어렵게 느껴지는 이유는 기업홍보보다 예산은 적게 쓰면서 홍보에 대한 국민 체감도는 더 높여야 성과를 인정받을 수 있기 때문이다. 적은 예산으로 최대한 많은 국민에게 좋은 정책을 알리고 공감을 얻어내는 일이 공공홍보 전문가가 해야 할 업무다. 아무리 좋은 정책이라도 국민이 모르거나 반대하면 무용지물이기 때문이다.

그러나 우리 생활 곳곳에서 공공홍보 활동이 이루어지고 있음에도 불구하고 국민 체감도는 높지 않다. 어떤 활동이 홍보 영역에서 이루어지고 있는지 제대로 알지 못하기 때문이다. 필자의 시어머니도 "동사무소에 꽂혀 있는 리플릿, 포스터 같은 거 만드는 거냐?"고 물으신 적이 있다. 필자의 시어머니만 그렇게 생각하는 게 아닐 거다. 국민 대다수가 공공홍보라고 하면 정책을 소개하는 홍보물을 만들거나 TV에 가끔 나오는 공공캠페인 광고를 만드는 일 정도로만 인식하는 경우가 많다. 그러나 공공홍보의 범위는 일반적으로 알고 있는 것보다 상당히 포괄적이다. 공공홍보를 꿈꾸는 새내기라면 "공공홍보가 뭐야?"라는 질문에 당당하게 답할 수 있도록 하자. 이를 위해 공공홍보의 의미와 역할부터 알아본다.

공공홍보의 정의

공공홍보는 정부-국민-기업-언론-공공기관이 서로 관계를 만들어가는 과정이다.

기업홍보는 이윤 창출이 핵심 목적이지만, 공공홍보는 정책에 대한 이해와 갈등 해소, 참여, 공유, 지지를 이끌어내는데 목적이 있다. 따라서 공공홍보 종사자들은 사회적 이슈와 정부 정책에 대한 깊은 이해와 통찰력, 이슈를 둘러싼 다양한 변수와 이해관계, 사회적 환경 등의 맥락을 읽는 능력이 필요하다. 이를 기반으로 공공 문제에 대한 조직의 정책과 견해를 공중에게 설명하고, 정책 입안자와 입법자가 더 나은 정책과 입법안을 개정할 수 있도록 사람들을 참여시켜야 한다.

과거의 공공홍보는 정책의 내용과 정보를 대중에게 일방적으로 고지하는 공보(公報)의 역할에 국한되었지만, 오늘날의 홍보는 수요자 입장에서 정책의 의미를 공유하고 참여하도록 하는데 더 큰 의미가 있다. 구체적으로 말하면 공공기관에서 추진하는 정책을 국민에게 투명하게 알리고 여론을 수렴해 정책을 성공적으로 추진하고 성과를 얻을 수 있도록 하는 일련의 활동을 모두 포괄한다. 따라서 공공기관 대부분은 관련 집단 또는 사람들과 끊임없는 커뮤니케이션을 수행해야 한다. 각종 정책을 알리고 이슈를 공유하며 여론의 흐름을 파악하고 수렴하여 향후 커뮤니케이션 방향을 정해야 하고, 언론기관에 결정 사항 등을 알려주어야 한다.

즉, 공공홍보란 공중의 의견을 파악하여 정책 프로세스에 반영하고, 결정된 사실이나 의도가 잘 이해될 수 있도록 적절한 시기에 적절한 사람들에게 가장 효과적인 방법으로 전달하여 이해와 동참을 이끄는 일이다. 단순하게 정책을 알리는 활동이 아니라 정책을 만들고 평가하는 과정에서 공중들과 소통하는 모든 활동이다.

공공홍보, 기업홍보와 뭐가 다를까?

공공홍보와 기업홍보의 차이는 크게 4가지로 설명할 수 있다.

첫째, 홍보의 목적이 다르다.

기업홍보는 일반 대중을 대상으로 브랜드 이미지를 제고하거나 제품을 홍보하는 것을 주목적으로 한다. 기업이 이윤 추구를 목적으로 하는 생산경제의 단위체이다 보니 홍보의 최종 목표는 기업의 이윤 추구에 있다.

반면, 공공홍보는 공적인 이익을 목적으로 하는 공공기관의 성격상 공공기관의 인지도, 이들이 수행하는 정책을 널리 알려 공공선을 실현하는 데 최종 목적이 있다.

둘째, 홍보의 타깃이 다르다.

기업홍보의 핵심 타깃은 상품을 구입하는 '(잠재)소비자'다. 따라서 소비자가 홍보의 핵심 타깃이다.

반면, 공적인 이익을 목적으로 하는 공공홍보는 기업홍보보다 타깃이 훨씬 다양하고 폭넓다. 상품으로 치자면 모든 사람이 만족하고 구매할 수 있는 상품을 만들어야 한다. 특히 정책의 경우 한번 만들어지면 동의하는 국민이든 동의하지 않는 국민이든 정책에 영향을 받을 수밖에 없다. 따라서 최대한 많은 국민에게 혜택이 돌아가는 정책을 만들었다는 점을 알리고, 반대하는 쪽은 설득해서 정책이 제대로 실행되도록 하는 것이 중요하다. 따라서 공공홍보가 성공하기 위해서는 정확한 민심 파악과 효과적인 설득 커뮤니케이션이 이루어져야 한다. 기업홍보와 비교해 소통의 중요성이 더욱 강조되는 이유다.

셋째, 예산의 출처가 다르다.

기업은 사업을 통해 벌어들인 수익으로 홍보 예산을 책정한다. 신규 사업은 예상 매출 대비 예산을 배분한다.

공공의 예산은 국민 세금으로 운영된다. 이렇다 보니 핵심 정책과제가 아닌 이상 넉넉하게 예산을 배정받기 어렵고, 예산을 자유롭게 사용하는 것은 더욱 어렵다. 따라서 공공홍보 활동이 성공하느냐 실패하느냐의 잣대는 한정적인 예산을 얼마나 효율적으로 사용하느냐에 달려 있다고 해도 과언이 아니다. 예산이 많이 들지 않으면서 효과를 극대화할 수 있는 좋은 아이디어가 절실한 분야다.

마지막으로, 홍보 효과측정 방식이 다르다.

기업의 홍보 효과측정은 성과지표라고 할 수 있는 기업의 매출을 시장점유율, 주가 등에 홍보가 미친 영향을 살펴보는 방식이 있다. 가장 흔한 것이 홍보의 성과물을 광고단가로 환산해 홍보에 쓰인 예산 대비 광고비 환산가가 얼마나 도출되었는지를 계산하여 성과를 측정한다.

반면, 공공홍보의 경우 인풋과 아웃풋, 아웃컴 등을 측정하는 형식으로 홍보 효과측정이 이루어진다. 얼마나 적절한 예산을 가지고 효과적인 홍보를 했는지가 인풋을 측정하는 방식이라면, 아웃풋은 기사 게재 건수, SNS 팔로워 수, 페이스북의 좋아요 추천수, 블로그 방문자 수 등을 측정하는 방법이다. 아웃컴은 이를 통한 타깃의 행동 변화를 측정하는 것이다. 각각의 부분을 측정하는 효과측정을 설계해 분석하기도 하고, 이러한 세 가지를 어느 정도 아우르는 방식으로 대국민 인지도 또는 인식조사를 진행하기도 한다.

공공기관의 홍보 효과측정 방법(예시)

구분	사전/사후 국민인식 및 홍보 효과측정		성과측정
	메시지 효과	매체 효과	
조사 대상	전국 만19세 이상 성인 남·여	매체분석 및 모니터링 리포트	광고·홍보 분야 전문가, 내부직원
조사 규모	1000명 (지역/성/연령 비례할당 추출)	전수조사	각 5 sample
조사 방법	구조화된 질문지를 활용한 온라인 홍보	매체분석 및 모니터링 리포트 확보 후 기간별로 정렬하여 분석지침에 따라 진행	표적집단 면접법 (FGI)
분석 방법	Frequency Cross-Tab	홍보 프로그램별 기간별/노출율/ 노출빈도 총노출율/총인상/ 1인당 노출비용 등 홍보 매체효과에 대한 정량분석	질적분석 계층분석

공보는 뭐고, 홍보는 뭐야?

공공홍보를 하다 보면 가끔 "공보관입니다."라며 명함을 내미는 분을 만난다. 그때마다 '공보관의 역할은 뭐지?'라는 의문이 들었다.

공보와 홍보의 차이점

네이버 국어사전을 검색해 보면 공보는 '국가기관에서 국민에게 각종 활동 사항에 대하여 널리 알리는 보고'로, 홍보는 '일반에게 널리 알리는 소식'이라고 적혀 있다. '국가기관에서'라는 단어를 빼면 '공보'와 '홍보'의 뜻에는 별다른 차이가 없다.

그러나 실제 현장에서의 공보는 보도자료 작성과 같이 '사실'만을 전달하는 역할을, 홍보는 '창의적인' 업무에 주력한다. 또한 공보는 일방

통행식 의사전달이고 홍보는 쌍방 간 의사 교환을 전제로 한다.

그렇다면, 공보실의 역할은 뭐고, 홍보실은 뭐 하는 곳일까?

공보실은 주로 보도자료를 작성하고 배포하며, 기자들이 취재를 위해 요청하는 자료를 해당 부서에 연락해 제공하거나 직접 담당 부서를 연결해 준다. 부서별로 브리핑하는 경우 브리핑에 따른 행정적 지원도 한다.

홍보실은 쌍방향 커뮤니케이션을 위한 모든 활동을 한다. 각종 홍보물을 만들고 SNS 채널을 운영하고 캠페인이나 이벤트 활동, 이슈 모니터링과 이슈관리까지 담당한다. 정책을 알리고, 정책 이해관계자들의 의견을 수렴하고, 참여하게 하는 모든 활동이 포함된다.

공보실의 존재는 광복 이후 현재까지 지속되고 있기는 하지만 2000년대 이후 인터넷 등 뉴미디어 시대에 접어들면서 국민 참여와 소통의 역할이 강화된 '정책홍보실'로 바뀌는 추세다.

물론, 여전히 지자체나 일부 공공기관에서는 공보실과 홍보실을 분리하여 운영하고 있다. 그러나 지금은 공보와 홍보의 업무를 나누는 것이 무의미하다. 홍보의 역할이 확대되고, 전 부서 간의 업무 영역이 겹치고 있는 만큼 홍보 부서의 넥스트(next)를 고민해야 할 때이기 때문이다.

공공홍보에는 어떤 활동이 있을까?

첫 번째, 정책홍보다.

정책홍보란 말 그대로 정부 또는 지자체가 시행하는 정책을 홍보하는 것이다. 좀 더 자세히 설명하면, 시민들의 의견을 파악해 정책 프로세스에 반영하고, 결정된 정책을 시민들이 잘 이해하고 참여할 수 있도록 효과적으로 커뮤니케이션하는 활동이다.

어떠한 정책이 성공했느냐 실패했느냐를 결정하는 데 있어 결정적인 역할을 하는 것이 바로 '여론'이다. 특히 인터넷과 소셜미디어의 발달로 정책에 대한 의견 표출 방법이 다양해지면서 국민 여론이 정책 입안에 강력한 힘을 발휘하고 있다. 이러한 측면에서 정책홍보는 정책의 신뢰를 강화하고, 정책집행의 효율성을 제고함으로써 안정적으로 정책을 운용하는 데 중요한 역할을 한다.

한 예로, 최근 이슈가 되고 있는 정부의 근로시간제 개편안을 정책홍보 관점에서 살펴보자.

정부의 근로시간제 개편안은 주당 최대 69시간까지 근로 시간을 유연하게 선택할 수 있도록 하는 안이다. 그러나 이번 정책의 경우 정부가 발표하자마자 MZ 노조를 중심으로 주 52시간을 더 늘려선 안 된다는 집단 반발이 터져 나오면서 논란이 일었다. 이후 대통령은 소통 부족을 질타하며 보완을 지시했으나 논란은 쉽게 가라앉지 않은 분위기다. 정책 시행도 하기 전에 초장부터 꼬인 것이다.

이처럼 아무리 좋은 정책이라도 국민 설득에 실패하면 무용지물이다. 개편안대로라면 연간 최대 근로시간은 현행보다 오히려 184시간 줄고 2주 연속 69시간 근무도 불가능하지만 마치 '52시간제'가 '69시간제'로 늘어나는 것처럼 오해를 샀다. 정책에 대한 불만은 SNS를 통해 빠르게 확산되었고 정부의 근로시간제 개편안은 과로사회를 조장하는 것처럼 프레임이 형성되었다. 그 과정에서 오인지 해소를 위한 정부의 적극적인 설득과정이 부족했다. 한마디로 정책에 힘을 실을 여론 형성에 실패한 것이다.

두 번째, 공공캠페인이다.

'캠페인(Campaign)'이란 본래 군사용어로 '특정 지역에서 어떤 목적을 달성하기 위한 군사 작전이나 군사적인 행동'을 의미했다. 하지만 오늘날 커뮤니케이션 관점에서는 '특정한 시간대에 많은 사람을 대상으로 여러 커뮤니케이션 행위를 적절히 조합함으로써 의도한 효과를 거두도록 고안된 설득 행위'라는 뜻으로 널리 사용되고 있다.

공공캠페인의 목적은 크게 개인의 행동을 변화시키기 위한 것과 공공의지를 형성하는 것으로 분류할 수 있다.

개인의 행동 변화를 위한 캠페인은 사회적으로 문제가 될 수 있는 개인의 행동을 변화시켜 유·무형의 공익에 기여하는 것을 목적으로 한다. 절주, 헌혈, 환경보호, 음주운전 예방 캠페인 등이 이에 해당한다. 코로나19 환경 속에서 진행되었던 '사회적 거리 두기'도 공공캠페인의 대표적인 예다.

공공의지를 형성하기 위한 캠페인은 개인의 행동 변화보다는 '행동 변화를 위한 사회 분위기 조성'이 우선시 되며 이를 기반으로 정책적 변화를 꾀하기도 한다. 가정폭력에 대한 인식 제고, 담배의 유해성을 알리는 캠페인 활동 등이 해당한다. 예를 들어 여성가족부에서 진행한 가정폭력 예방을 위한 '보라데이 캠페인'의 경우, 가정폭력을 하지 말자는 개인의 행동 변화에 초점을 맞추기보다 '가정폭력은 사회적 범죄'

라는 인식을 확산하고, 아동 등 피해자에 대한 사회적 관심을 조성하는 데 목적이 있다.

세 번째, 지역 마케팅이다.

지역 마케팅은 한 지역의 성장 잠재력을 분석하여 지역의 산업 발전과 경제발전을 추구하기 위한 커뮤니케이션 활동이다. 이를 위해서는 지역을 상품으로 개발하여 지역민뿐 아니라 대외 소비자에게 지역이라는 상품을 홍보하는 활동이 필요하다. 이때 중요한 요소가 바로 타지역과의 '차별화'다.

이를 위해 많은 지자체가 주력하는 것이 축제다. 지자체마다 자연환경, 역사적 특징, 문화적 매력을 상징화할 수 있는 축제를 통해 지역을 홍보하고, 경제발전을 추구한다. 대표적으로 전라남도 함평의 '나비축제', 전라북도 무주군의 '반딧불이 축제', 경기도 연천의 '구석기축제' 등이 있다.

대형 이벤트를 개최하거나 문화의 거리를 조성하는 등의 예술, 문화 특구를 지정하는 방법도 있다. 대표적으로 부산의 '국제영화제(BIFF)', 충남 보령의 '머드축제', 충남 천안의 '흥타령축제', 안동 '하회탈마을축제' 등이 있다.

그 외에도 지역 상징물을 통한 홍보 마케팅 사례도 늘고 있다. 전국적으로 늘어나고 있는 출렁다리와 해상케이블카가 한 예다. 바다를 인접한 전국 지방자치단체에는 해상케이블카 설치 바람이, 내륙 지자체에는 출렁다리 설치 바람이 거세게 불고 있다. 현재 전국에 출렁다리만 150개가 넘는다. 그러나 차별성 없이 따라하기 식으로 설치된 상징물은 반짝 효과는 있을지 모르지만 금방 인기가 소멸되고 만다. 통영 케이블카의 경우 2017년 연간 140만 명에 달했던 이용객이 다음 해 인접한 사천시에 해상 케이블카가 완공된 후 100만 명을 채우지 못하고 있다. 예산만 투자하는 하드웨어적 특성이 아닌 그 지역의 정체성을 잘 보여줄 수 있는 콘텐츠의 결합이 필요하다.

네 번째, 이슈/위기관리다.

이슈관리란 정책과 관련된 이슈나 쟁점에 대해 예상되는 문제점과 갈등을 조기에 발견하고, 그에 따른 커뮤니케이션 리스크를 구체적으로 조사 분석하는 활동이다. 이를 위해서는 이슈 모니터링이 꼭 필요하다. 평소에 이슈 모니터링을 통해 여론 추이를 살펴봄으로써 국정 활동의 전 과정에서 커뮤니케이션 리스크가 없는지 사전에 예측하고 필요한 조치를 신속하게 취해 나가야 한다. 커뮤니케이션 리스크 분석은 정책 추진 단계별로 취합된 예상 이슈, 정책 대상별 이슈와 커뮤니케이션 리스크, 최악의 시나리오 등의 종합적인 검토로 이루어진다. 아울러 정책 이슈와 커뮤니케이션 리스크는 곧바로 관련 회의에 보고되어 범정부 차원의 올바른 의사 결정을 위한 기초 자료로 활용된다.

이슈관리 및 대응 프로세스

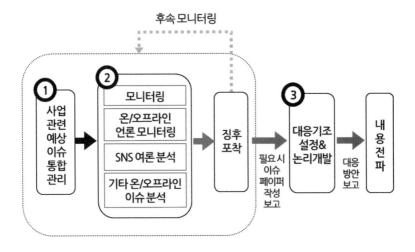

위기관리는 국민의 생명과 안전, 재산상의 중대한 변화나 위협이 발생했을 때 불필요한 오해나 루머를 조기에 차단하고 위기 상황에 대처하는 정부의 각종 조치가 국민의 신뢰와 협력 속에 신속하게 이루어질 수 있도록 지원하는 종합적이고 체계적인 커뮤니케이션 활동이다. 세월호나 이태원 참사 사태 당시의 국가 커뮤니케이션 활동이 이에 해당한다. 이때에는 관련된 모든 사실을 수집하고, 단일 창구를 통해 해당 정보를 배포한다. 또한 24시간 현장 언론정보센터를 운영하며 기자들의 취재 보도 활동을 지원·대응해야 한다.

정부 위기 경보 단계별 대응체계

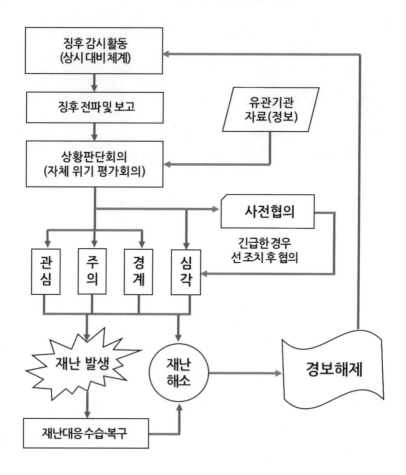

홍보 기획, 어떻게 하지?

홍보 기획 프로세스

정책홍보 기획서는 환경 분석 ⇒ 홍보 목표 설정 ⇒ 홍보전략 수립 ⇒ 홍보 프로그램 개발 ⇒ 홍보 효과 측정 순으로 설계된다.

먼저 다양한 형태로 온라인과 오프라인의 여론을 수렴해 정책 추진 환경을 분석하고 이를 바탕으로 홍보 목표를 설정한다. 정책 관련 여론이 어떻게 형성되었고, 부정적 여론의 핵심은 무엇이며, 어느 집단에서 부정 여론을 형성하고 있는지를 파악해야 한다. 이를 기반으로 홍보과제와 핵심 시사점을 도출한다.

다음으로 홍보타깃을 세분화하여 타깃별 홍보전략을 수립한다. 정책에 반대하는 타깃은 설득할 방법을, 정책에 대한 인지와 이해가 부족한 타깃은 정확한 정보를 알리기 위한 홍보 방법을 찾아내야 한다.

이후 어떤 매체에 어떤 프로그램을 적용해 홍보해야 효과적일지 시기별 이슈별 실행해야 할 홍보 프로그램을 개발한다.

최종으로 확정된 프로그램을 실행하고, 그 결과 어떠한 홍보 효과가 있었는지 홍보 효과측정을 통해 평가한다.

홍보 기획안 작성 프로세스

환경 분석	• 정책에 관련된 여론 및 사회적 분위기 점검
홍보목표 설정	• 홍보를 통해 얻을 성과 설정
홍보전략 수립	• 홍보 타깃, 홍보 매체, 홍보 메시지 도출 • 전략에 따른 홍보 프로그램 개발
홍보 실행	• 계획된 홍보 프로그램 실행
홍보 효과 측정	• 홍보목표 설정 단계에서 계획한 목표의 달성 여부 평가

홍보전략 수립을 위한 핵심 점검 사항

홍보 기획안 작성 시 가장 중요한 것이 '무엇을' '누구에게' '어떻게' 알릴 것인가에 대한 답을 제시하는 전략 수립 단계다. 그렇다면 성공적인 홍보전략을 수립하기 위해 반드시 점검해야 할 사항은 무엇일까?

첫째, 지금까지의 홍보 활동에 문제점은 없었는가? 있었다면 어떤 것이 개선되어야 하는가?

둘째, 누구를 겨냥해 어떤 메시지로 커뮤니케이션해야 설득력을 가질 수 있는가?

셋째, 홍보 콘셉트가 명확하고, 핵심적인 내용이 반영되었는가?

위의 사항들이 반영되기 위해서는 충분한 사전 조사가 이루어져야 한다. 사전 조사가 없으면 문제점을 찾을 수 없고, 문제점을 도출하지 못하면 차별화되고 명확한 전략을 제시할 수 없기 때문이다.

설득력을 높이는 기획안 작성 꿀팁!

① 데이터로 근거를 제시하라.

데이터는 모든 기획의 근거가 된다. 데이터를 잘 분석하면 무엇이 문제이고, 어떻게 개선할지 해답을 찾을 수 있다. 데이터를 통해 '왜'를 찾아냈을 때 제대로 된 전략 수립이 시작된다.

② 유사 성공사례로 안심시켜라.

공공기관의 경우 기존에 하지 않은 새로운 홍보 프로그램을 진행하는 데 매우 보수적이다. 혹시 모를 리스크에 대비하기 어렵고, 홍보 효과도 불확실하기 때문이다. 이러한 우려를 잠재우는 데 필요한 것이 바로 유사 성공사례다. 예를 들어 메타버스 홍보관을 만든다고 하자. 메타버스가 유행하고 있다고는 하지만 경험이 없으니, 기대보다는 우려가 클 수밖에 없다. 이때 국내·외 메타버스 홍보관 성공사례를 참고자료로 제시해 보자. 최종 결정권자를 설득하는 데 도움이 될 것이다.

③ 흥미롭지만 불필요한 정보는 잘라내라.

기획서를 작성하다 보면 흥미롭고 독특한 자료를 발견할 때가 있다. 그냥 버리기는 아까운 자료이기에 어떻게든 추가하고 싶은 욕심이 생긴다. 그러나 전략을 뒷받침할 수 있는 내용이 아니라면 과감히 버려야 한다. 아까워서 끼워 넣은 자료가 기획서의 전체 흐름을 망쳐 설득력을 잃을 수 있다.

잘 만든 콘텐츠도 다시 봐야 하는 이유!

공공기관이든 민간기업이든 홍보담당자는 하루도 마음 편히 쉬기 어렵다. 업무가 많아서이기도 하지만 언제, 어떤 식으로 부정 이슈가 터질지 알 수 없기 때문이다. 홍보담당자는 위기가 발생하면 가장 먼저 움직여야 하는 사람이다. 언론이나 소셜미디어에서 부정여론이 확대되기 전에 수습하고, 대책을 마련해야 한다.

필자의 경우, 과거 싸이월드라는 플랫폼을 홍보하던 시절, 유명인의 미니홈피가 해킹되는 일이 종종 발생했다. 가족들과의 외식이나 여행 중에 미니홈피 해킹 이슈가 발생하면 그 자리에서 노트북을 켠 후 이슈 모니터링을 시작하고 기자들의 문의 전화를 응대해야 했다. 즐거운 가족 외식이나 여행은 부정 이슈 발생과 동시에 끝나고 만다.

공공 영역에서는 사건 사고뿐 아니라 콘텐츠 제작 과정에서도 종종 문제가 발생한다.

홍보를 위해 만든 콘텐츠가 불만 성토의 장이 되는 경우

소셜미디어가 보편화되면서 공공기관도 SNS 채널을 통해 활발한 소통에 나서고 있다. SNS 채널 특성상 매일 콘텐츠를 올리다 보면 제작 과정에서 꼼꼼한 검토를 거치지 못할 때가 많다. 이렇다 보니 '아차!' 하는 순간 SNS에 올라온 콘텐츠가 논란의 중심에 놓이는 경우가 있다. 몇 가지 사례를 통해 살펴보자.

[사례 1] 얼마 전 기획재정부가 SNS를 통해 업로드했던 '무지출 챌린지' 카드뉴스는 '일본 식문화를 담고 있다'는 비판을 받아 삭제됐다. '젓가락으로 밥을 먹는 이미지'가 문제가 된 것이다. 콘텐츠를 제작한 디자이너와 기획자 모두 일본 식문화를 콘텐츠에 담을 의도가 없었기 때문에 검토 과정에서 문제점을 발견하기 어려웠을 것이다. 홍보담당자 입장에서는 무척 억울하겠지만 온라인 콘텐츠는 반응이 빠르고 신랄하기 때문에 매우 신중한 검토가 필요하다.

[사례 2] 몇 해 전 교육부가 SNS에 올린 웹툰 한 장이 여론의 뭇매를 맞았다. 웹툰 속 태극기의 4괘 중 '감'과 '리'가 잘못 그려져 있었기 때문이다. 교육부는 다음 날 바로 사과문을 올리며 '앞으로 재발하지 않도록 유의하겠다.'라고 했다. 하지만, 교육부의 사과에도 불구하고 해당 웹툰이 200만 원짜리 홍보물이었던 사실이 알려지면서 국민의 비난은 거세졌다. 교육부는 당시 한 달여간 총 6편의 웹툰을 공개할 목적으로 계약했고, 총계약 비용만 1,300만 원 이상 들어갔지만, 한 편도 제대로 활용하지 못하고 국민 세금만 낭비됐다. 공공홍보는 국민 세금으로 운영되기 때문에 실효성에 문제가 제기되면 비난이 거세질 수밖에 없다.

[사례 3] 매년 국정감사 때마다 논란이 제기되는 주제가 홍보대사 모델료다. 민간기업에서는 유명 연예인의 광고 모델료에 수억 원을 쓰는 것이 당연한 일이다. 그러나 공공기관에서는 연예인을 광고에 출연시키기 위해 억 단위의 금액을 지출할 경우 문제가 될 수 있다.

몇 년 전 국정감사에서 기재부가 복권 홍보대사로 가수 이승기 씨에게 2년간 총 5억 7,000만 원의 모델료를 지급한 것이 문제가 되어 국민 혈세를 낭비했다는 비난을 받았다. 공공기관 홍보대사 중 가장 비싼 모델료를 지불했다는 이유에서다. 복권 광고를 담당한 광고대행사 입장에서는 몸값 높은 이승기 씨를 2년에 5억의 모델료만 지불했으니 칭찬받아 마땅한 일이다. 민간기업의 광고를 이승기 씨가 찍었다면 2년에 5

억은 어림없는 금액이다. 그런데 왜 공공기관의 모델 섭외비는 매년 문제가 되는 것일까? '공익'을 목적으로 하는 광고·홍보의 경우 유명인이라도 재능기부로 참여하는 것이 바람직하다고 생각하기 때문이다. 따라서 공공기관에서 유명인을 섭외할 경우 최소의 비용으로 활동할 수 있도록 설득해야 한다. 국정감사에서 지적받지 않으려면 어쩔 수 없는 일이다.

홍보 전문가로 살아남기 위해 필요한 3力

홍보담당자가 갖추어야 할 능력은 무엇일까? 가장 중요한 요소는 기획서 작성을 위한 '크리에이티브 능력'과 '프레젠테이션 스킬'이다. 새로운 정책이 발표되면 이에 맞게 홍보 프로그램을 제안하고, 변화하는 미디어 환경, 여론의 추이에 맞춰 홍보 커뮤니케이션 전략을 수립해야 한다. 특히나 제시하는 제안이 매번 채택되는 것은 아니므로 최고 결정권자를 설득할 수 있는 프레젠테이션 능력이 겸비되어야 한다.

그러나 이보다 더 중요한 3가지 능력이 있다. 바로 체력, 지구력, 정신력이다. 홍보담당자가 전문가로 성장하지 못하고 중도 하차하는 경우는 기획력이나 프레젠테이션 능력이 없어서가 아니다. 바로 위에 제시한 3力이 부족하기 때문이다.

기획안 작성은 노동강도가 큰 작업이다. 기획서 몇 장을 작성하기 위해 수많은 자료를 분석해야 하고, 인사이트가 나올 때까지 밤샘 회의를 거듭할 때도 많다. 기획안을 작성하는데 뭐 그리 시간이 오래 걸리냐고 할 수도 있겠지만 홍보담당자의 업무가 기획안 작성만 있는 것은 아니다. 근무 시간에는 언론 모니터링, 보도자료 작성, 미디어 응대 등의 업무를 해야 한다. 그렇다 보니 기획 작업은 야근과 함께 시작된다. 강철 같은 체력과 지구력이 없다면 버텨내기 어렵다.

스트레스를 이겨낼 수 있는 정신력은 컨펌 단계에서 발휘된다. 며칠 밤을 새워서 작성한 기획안이 상사에게 단칼에 퇴짜 맞는 경우가 부지기수다. 상사들은 뭐가 부족한지 조목조목 설명하지 않는다. 그저 "이거 좀 약한 거 같은데." 또는 "이거다! 하는 한방이 없어서 좀 아쉽네."라는 말이 전부다.

'그놈의 한방!' 기획서마다 어떻게 '한방'을 만들 수 있겠는가? 그러나 우리의 상사들은 '한방'을 원한다. 나 또한 대표가 되어보니, '그 한방'을 기대하게 된다. '한방'이 있어야 경쟁에서 이길 수 있기 때문이다. 하지만 아무리 창의적인 사람이라도 자판기처럼 버튼만 누르면 근사한 아이디어가 나오는 것이 아니다. 깊이 있게 분석하고, 치열하게 고민하고, 투자한 시간만큼의 결과로 도출되는 것이 인사이트다. 성공하는 기획자를 꿈꾸는 주니어라면 기획력, 프레젠테이션 능력과 함께 체력, 지구력, 정신력을 키워라. 그래야 홍보 전문가로 살아남을 수 있다.

제2장
홍보의 기본 '언론홍보' 파헤치기

기자에게 '원픽!'되는 보도자료 작성법

보도자료만 잘 쓰면 기자가 '픽'해 줄 것으로 생각하는가? 착각이다. 기관에서 중요하게 여기는 보도 아이템이 매번 기자가 좋아하는 기사 아이템으로 연결되는 것은 아니다. 보도자료는 매끄럽게 잘 썼지만 사진이나 이미지가 없어서 후순위로 밀리는 경우가 있다.

내가 쓴 보도자료가 기자에게 원픽되기 위해서는 언론에서 좋아할 만한 보도 요소들이 추가되어야 한다. 그래야 기자들의 눈길을 사로잡을 수 있다. 기자들이 좋아하는 Best 보도 아이템을 모아봤다.

기자는 숫자와 통계를 좋아한다.

보도자료에 숫자와 통계를 넣으면 기사로 채택될 확률이 높아진다.

숫자와 통계는 독자에게 체감과 신뢰를 높일 수 있는 강력한 요소이다. 여기에 그래프나 도표를 인포그래픽으로 제작하여 추가하면 금상첨화다.

제목에도 숫자를 넣어 보여주자. 독자는 데이터와 숫자를 좋아하기 때문에 보도자료 타이틀에 숫자를 넣으면 보도자료를 채택할 확률도, 독자들이 기사를 클릭할 확률도 높일 수 있다.

기자는 설문조사를 좋아한다.

기자들이 통계만큼 좋아하는 것이 바로 설문조사다. 설문조사가 곧 여론이기 때문이다. 공공기관의 경우 설문조사를 잘 활용하면 해당 정책에 대한 국민 여론을 확인할 수 있고, 그 결과를 언론에 배포해 우호 여론을 조성할 수도 있다.

예를 들어 복지부의 금연 홍보담당자가 전자담배의 해로움을 알리는 미션을 받았다고 치자. 전문가 인터뷰나 기고 등을 통해 전자담배의 해로움을 알릴 수 있다. 하지만 이러한 형태의 홍보는 다수의 매체에 동시에 보도되기 어렵다. 이때 활용할 수 있는 게 설문조사다. 국민을 대상으로 액상형 전자담배와 일반담배의 유해성을 묻는 설문조사를 진행하여 그 결과를 보도자료로 작성해 보자. 단순 의학 정보를 토대로 쓴 보도자료에 비해 좀 더 흥미롭게 기사화될 수 있다.

기자는 기념일을 좋아한다.

홍보 아이템을 선정할 때 꼭 확인해야 하는 것이 기념일이다. 명절이나 국경일은 물론이고 인구의날, 여성의날, 과학의날과 같은 기념일에 맞추어 홍보 아이템을 고민해 보자. 언론사마다 기념일에는 특집기사를 내보낸다. 수능 100일 전에는 수능 특집기사를, 여성의날에는 성공한 여성들을 주제로 특집기사를 싣는다. 따라서 발 빠르게 움직인다면 별도의 비용이나 노력을 들이지 않고도 특집 지면에 해당 기관의 홍보 아이템을 노출할 수 있다.

여기서 주의해야 할 한 가지!

기념일 홍보 자료를 기념일에 맞추어 미디어에 전달하면 안 된다. 적어도 일주일 전에는 기자를 컨택해 아이템을 논의하고, 협의해야 한다. 홍보 행사를 할 경우도 마찬가지다. 기념일 당일에 행사를 진행하고 사진을 찍어 보내면 기념일 오후에나 기자가 확인할 수 있다. 기념일 기사는 기념일이 지난 다음에는 기사 가치를 잃게 된다. 적어도 D-1에는 행사를 진행하여 보도자료가 배포될 수 있도록 하자.

기자들은 훈훈한 미담을 좋아한다.

뉴스 가치의 판단 요소인 영향성, 갈등성, 진귀성, 저명성, 근접성, 시의성, 신기성, 부정성, 흥미성은 부정적 관점에 힘을 실어준다. 이렇다 보니 보통의 경우 뉴스는 긍정적인 이슈보다 부정적 이슈에 집중한다. 그러나 부정적 보도가 많을수록 기자들에게 환영받는 것이 미담 기사다. 1시간짜리 뉴스 보도가 모두 부정 기사로 채워지기를 언론사도 원하지 않기 때문이다.

홍보담당자라면 하이에나처럼 미담 기사가 될만한 아이템을 찾아 나서야 한다. 산불이 난 지역에서 밤낮으로 애쓰고 있는 산림청 직원들이나 소방관의 이야기도 좋고, 자원봉사자들의 이야기도 좋은 미담 기사가 될 수 있다. 연말마다 진행하는 사회공헌활동도 좋다. 대신 이때에는 남들이 다 하는 사회공헌활동이 아닌 우리 기관만의 독특한 아이템을 고민해야 한다. 아이템을 바꿀 수 없다면 사진 앵글이라도 독특하게 연출하고 남들보다 빠르게 진행하자. 그래야 기사화될 수 있다.

기자는 사진이나 영상을 좋아한다.

읽는 신문의 시대는 가고 보는 신문 시대가 왔다. 기사에 글씨만 빼곡히 채워져 있으면 독자의 눈길을 끌기 어렵다. 이렇다 보니 언론사도 사진이나 그래프, 일러스트 같은 시각 자료가 첨부된 보도자료를 원한다. 따라서 홍보담당자라면 보도자료와 시각 자료를 동시에 기획해야 한다. 특히 요즘은 언론사에서 온라인 채널을 함께 운영하기 때문에 멀티미디어 영상 URL을 보도자료에 추가해 배포하는 경우가 많다. 영상

자료가 있다면 온라인과 방송 매체를 노려보자. 영상이 기사와 함께 노출되면 해당 기사의 홍보 효과뿐 아니라 기관의 유튜브 조회수를 높이는 데도 효과적이다.

완벽한 보도자료를 만들기 위한 10가지 체크리스트

보도자료는 배포 직전까지 꼼꼼한 검토를 거쳐야 한다. 그래야 실수를 줄일 수 있다. 다음은 보도자료 작성 후에 반드시 체크해 봐야 할 사항들이다.

① 보도자료의 제목이 내용을 대표하고 있는가?

② 보도자료의 부제목에는 본문에서 강조하는 핵심 내용이 잘 요약되어 있는가?

③ 보도자료의 첫 문단에 육하원칙의 모든 요소가 포함되어 있는가?

④ 보도자료가 역피라미드형으로 작성되어 있는가?

⑤ 한 문장이 20단어를 넘지 않는가?

⑥ 문장에 오탈자는 없는가?

⑦ 인용 문장의 앞뒤에는 큰따옴표("")가 포함되어 있는가?

⑧ 지나치게 광고 느낌을 주는 주관적인 문장은 없는가?

⑨ 사진이나 이미지 등의 시각 자료에 대한 설명문은 올바르게 작성되었는가?

⑩ 홍보담당자의 연락처가 포함되어 있는가?

보도자료 배포, Best 타이밍/Worst 타이밍

기자들은 하루에 수십, 수백 통의 보도자료를 받는다. 이렇다 보니 그저 그런 기삿거리는 스팸 취급당할 수 있다. 열심히 쓴 보도자료가 스팸 처리되지 않기 위해서는 보도 아이템만큼이나 보도 타이밍이 중요하다.

보도자료 배포 Best 타이밍!

① 10시 이전에 보도자료를 배포하라.

다음 날 지면에 반영하고 싶은 보도자료는 아침 10시 이전에 배포하자.

신문사는 오전 9시~10시 30분 사이에 열리는 데스크 회의로 하루를 시작한다. 기자들은 회의에 앞서 담당 부장에게 그날 쓰고 싶은 혹은 써야 할 기사 아이템을 보고한다. 기자들은 오전 8시~9시 사이에 출근한다. 따라서 기사화되기를 원한다면 데스크 회의가 시작되기 전에 기자에게 보도자료를 전달해 데스크 회의 때 반영될 수 있도록 해야 한다. 행사 보도자료 등 진행상의 문제로 아침 일찍 보도자료를 전달할 수 없을 때는 기자에게 미리 어떤 보도자료가 있다고 알려주는 것도 방법이다.

② 사전 홍보용 행사 보도자료는 일주일 전에 배포하라.

국민 참여를 독려하기 위해 배포하는 사전 홍보용 보도자료는 공식 행사 일주일 전에 배포하는 것이 좋다. 너무 늦게 배포해도 문제지만 너무 일찍 배포하면 행사 전에 잊혀질 수 있기 때문이다.

보도자료 배포, Worst 타이밍!

① 금요일과 주말은 피하라.

금요일에 보도자료를 배포하면 많은 매체에 기사화되기 어렵다. 대부분의 일간지 기자들은 당직 기자를 제외하고 토요일은 출근하지 않는다. 지방신문의 경우 토요일, 일요일 모두 신문을 발행하지 않는 경우도 많다. 따라서 금요일에는 중요한 행사나 정책 보도자료를 배포하지 말자.

② 사회적 빅이슈가 있을 때는 보도자료 배포를 피하라.

홍보대행사 생활을 하면서 딱 3번 한가했던 적이 있다. 2001년 911테러, 2002년 월드컵 시즌, 2014년 세월호 참사 때였다. 이때는 중요한 보도 아이템이 있어도 기사화되기 어렵다. 따라서 사회적으로 파장이 큰 이슈가 발생했거나 국가적 빅 이벤트가 있는 기간에는 보도자료 배포를 피해야 한다. 작은 뉴스는 파묻힐 가능성이 크다.

③ 기사 마감 시간에는 배포하지 말라.

마감 시간에 보도자료를 제공하면 안 된다. 마감 시간에는 기자들의 예민지수가 극에 달한다. 요즘은 온라인 매체가 많아져서 마감 시간이 큰 의미가 없어지기는 했지만, 일간지의 경우 통상 오후 4시부터 기사 마감에 들어간다(석간과 스포츠지는 오전 10시~11시가 마감이기 때문에 오전 9시 이전에 보도자료를 보내야 한다). 국가적으로 꼭 알려야 할 속보가 아닌 이상 마감 시간에 전화나 이메일을 보내는 어리석은 행동은 하지 말자.

매체별 기자들의 일과 살펴보기

홍보담당자는 기자들의 일과를 알아둘 필요가 있다. 그래야 언제 보도자료를 배포하고, 언제 미팅을 잡고, 언제 땡큐콜을 할지 판단할 수 있다.

1. 종합일간지/경제지

– 오전 8시 30분 출근 (매체사 또는 출입처로 출근)

– 오후 2시 또는 3시부터 내일 자 기사 마감 작업으로 바쁨

　(기자 콘택트는 마감 시간을 피해 진행)

– 일요일 10시부터 금요일 오전까지 근무

　(토 · 일요일 자 미발행 / 월요일 자 발행을 위해 일요일 출근)

2. 석간신문

– 기자들은 오전 6시 30분 출근, 오전 7시~9시 반까지 기사 작성

– 문화일보, 헤럴드경제, 아시아경제, 내일신문

3. 온라인 매체

– 지면 마감이 없어 기사 취재 및 작성 완료와 동시에 온라인에

기사가 게재

- 네이버 게재 여부가 영향력의 척도

4. 방송사 보도국

- 방송사 보도국의 제작 간부 회의는 KBS를 기준으로 오전 9시, 오후 2시, 오후 6시에 열림

- 오후 6시 회의는 일정 점검 및 조정회의 진행 (2시에 결정된 사항 중 변동사항이 있을 경우 이를 9시 뉴스에 반영하고 새로운 아이템을 첨가함)

보도자료, 언론에 보도될 때까지
긴장을 늦추지 마라!

싸이월드를 홍보하던 시절, 등골이 오싹했던 에피소드가 있다. 보도자료는 대부분 담당 AE가 작성한 후 여러 단계의 컨펌을 거쳐 최종 배포하기 때문에 내용상 오류는 대부분 걸러진다. 검토가 끝난 보도자료이니 '뭐 문제가 있겠나?' 싶어 마음 놓고 있던 순간, 숨은 참조로 받아본 보도자료 제목에 '헉!'하는 오타를 발견했다. 이메일 제목에 싸이월드를 "쌍월드~"로 표기해 기자들에게 배포된 것이다. 확인해 보니 100여 개의 언론매체에 동일한 제목으로 보도자료가 배포된 상황이었다. 다행히 바로 '보낸 메일 회수' 기능을 통해 회수를 진행하여 큰 파장은 없었다. 그러나 이미 읽기를 끝낸 기자들은 대행사로 전화해서 "아니, 메일 제목이 이게 뭡니까? 플랫폼 이름도 틀리고... 메일을 읽어보고 배포한 겁니까?"라며 항의하기도 했다.

　그 일이 있고 난 뒤로 후배들에게 보도자료가 기사화되기 전까지 절대 긴장을 늦추지 말라고 강조한다. 오타는 물론이거니와 자료가 전달됐을 때 어떻게 기자가 받아들일지 보완할 부분은 없는지, 보도자료는 한 장이지만 추가 설명을 위해 첨부자료를 더 충실하게 만들어야 할지, 보도자료 릴리스할 때 메일에 오탈자는 없는지, 사진이나 자료 첨부는 잘 되었는지 확인하고 또 확인해야 한다. 완벽해 보이는 보도자료도 리뷰에 리뷰를 거치다 보면 그동안 보이지 않았던 허점이 눈에 들어온다. 그리고 이러한 경험이 쌓이면 훗날 오탈자 하나도 용납하지 않는 완벽한 홍보인으로 성장하게 된다.

고유명사와 숫자, 사람 이름 확인은 철저히

보도자료에서 특히 신경 써야 할 사항이 있다. 고유명사와 숫자, 사람 이름, 날짜, 시간이다. 틀리면 파장이 어마어마하다. 생각해보자. 기관장 이름이 잘못 명기된 보도자료 때문에 전 매체에 틀린 기관장 이름이 실린다면 얼마나 당황스럽겠는가? 생각만 해도 끔찍한 일이다. 숫자 명기도 마찬가지다. 인명사고 보도자료에서 0 하나가 더해지거나 빠짐으로써 사망자가 수십 명이 될 수도 있고, 수백 명이 될 수도 있다.

기자들은 이름을 걸고 기사를 작성한다. 보도자료 오류로 인해 기사에 오보가 난 격이 된다면 그동안 쌓아온 기자와의 신뢰 관계가 깨질 뿐 아니라 엄청난 후폭풍이 뒤따른다. 보도자료는 반드시 리뷰에 리뷰를 거쳐라.

보도사진, 찍어도 되는 것과 찍으면 안 되는 것

빽빽이 써 내려간 글보다 한 장의 사진이 더 강력한 메시지를 전달할 때가 있다. 보도자료와 함께 배포하는 사진을 내용의 이해를 돕는 보조적인 도구로만 여겨서는 안 된다는 말이다. 그렇다고 필요하면 뭐든 찍어서 배포해도 될까?

연출 사진은 초상권에 문제가 없지만, 행사 현장에서 촬영한 사진은 '초상권'에 문제가 없는지 반드시 고려해야 한다.

당사자 동의 없이 촬영해도 초상권 침해의 책임이 없는 사진과 배포하면 안 되는 보도사진에 대해 알아보자.

보도사진, 허락 없이 찍어도 되는 경우

첫째, 공인이 공공장소에서 공적인 활동을 할 때는 초상권 침해 우려가 없다. 기자는 이들을 찍어 언론에 보도할 수 있다. 일반인도 이들의 모습을 찍어 SNS에 올릴 수 있다. 이때 공인의 범위는 정치인, 기업인, 연예인, 언론인 등 직업에 상관없이 사회적으로 저명한 인물이며 공적인 관심을 받을 만한 사람은 공인으로 인정한다. 예를 들어 BTS가 서울역에서 노숙자들에게 무료 급식을 나누어주고 있다면 누구든지 사진을 찍을 수 있고, 언론이나 개인 SNS에 업로드할 수 있다. 단, 상업적으로 이용하면 안 된다.

둘째, 일반인이라도 공공장소에서 진행되는 집회나 시위에 참여하거나 공개 연설을 할 때는 허락 없이 촬영해도 초상권 침해가 되지 않는다. 이는 법률적으로 '자신의 주장을 공중이나 언론에 홍보하기 위해 타인의 시선을 집중시키는 행위'라고 판단하고 있기 때문이다. 다시 말해 시위에 참여한 사람은 참여한 사실 자체가 자신의 얼굴이 공개되어도 좋다는 것을 묵인한 것이나 마찬가지라고 법원이 판단하고 있다는 뜻이다.

허락 없이 찍으면 초상권 침해가 되는 경우

공인이더라도 식당이나 쇼핑몰 같은 실내는 사적인 공간으로 분류되어 초상권 침해로 처벌받을 수 있다. 1997년 영국의 다이애나 왕세자비의 사망 사건이 적절한 사례다. 당시 모두 9명의 사진가가 기소됐는데 자동차 안에 있는 다이애나 스펜서를 찍은 2명의 사진가만 '사생활 침해'로 벌금형을 받았다. 호텔에서 나와 자동차까지 걸어가는 다이애나를 찍은 사진엔 초상권 침해가 발생하지 않았다고 본 것이다.

초상권을 침해하지 않으려면?

야외 행사 시 공인이 아닌 사람의 얼굴이 찍혔다면 모자이크 처리를 하는 것이 좋다.

특히 공공기관의 경우 자원봉사나 교육 행사 등을 진행할 때가 많아 부득이 각종 복지시설 수용자나 학생 얼굴을 찍어야 하는 경우가 있다. 이때에는 반드시 사전 동의를 구해야 한다. 특히 아동의 경우에는 사전에 공문 등을 통해 법정 대리인인 부모의 동의를 구한 후 보도사진으로 활용해야 한다.

보도자료 작성 시 혼동하기 쉬운
표기법 완전 정복

보도자료를 작성하다 보면 '이렇게 쓰는 게 맞나?' 싶은 표기법이 있다. 언론 보도 시 원칙으로 하는 표기법이 따로 있기 때문이다. 아니, 원칙으로 하는 표기법이 상당히 많다. 그렇다 보니 홍보 전문가들도 보도자료를 작성할 때 표기법을 틀리는 경우가 종종 있다. 그러나 기자들은 용어와 표기법이 틀린 보도자료를 싫어한다. 자신들이 고쳐야 하기 때문이다. 열심히 쓴 보도자료가 기사로 채택되기 위해서는 표기법 완전 정복이 필요하다. 혼동하기 쉬운 보도자료 표기법을 정리했다.

① 숫자 표기

㉠ 기본 숫자 표시

- 10000단위마다 '만', '억' 등의 글자를 넣어 표기한다.

  예) 2만 8천(×), 2만 8,000(×), 28,000(×), 2만8000(○)

- 단, 도표에서는 단위어를 생략할 수 있고, 생략 시 자릿점(,)을 넣는다.

  예) 2,791,003,300 (도표)

㉡ 대략적인 숫자를 표기할 때

- 초과의 경우 '여'를, 모자랄 경우 '약'을 사용한다. 동시에 사용하지 않는다.

  예) 약 5000여건(×) ⇒ 약 5000건(○), 5000여건(○)

㉢ 통상적인 숫자의 3자리 단위 쉼표는 생략한다.

  예) 5,000건(×) ⇒ 5000건(○)

㉣ 분수는 풀어서 표기한다.

  예) 5분의 1, 10분의 2

㉤ 분기는 빗금(/)을 사용한다.

  예) 3/4분기, 2/4분기

㉥ 일정한 수의 범위를 나타낼 때

- 물결표(~)로 연결하며 단위어는 앞뒤 숫자에 모두 붙인다.

  예) 5~600만명(×) ⇒ 500만~600만명(○)

Ⓢ 숙어나 관용어는 숫자로 쓰지 않고 한글로 표시한다.

예) 1회용 컵(×) ⇒ 일회용컵(○)

② 날짜와 시간 표기

㉠ 하루는 24시간제가 아닌 오전, 낮, 오후, 저녁, 밤으로 구분하여
   표기한다.

– 오전은 0시부터 12시 사이

   예) 오전 10시에 개장하여

– 낮은 12시부터 13시 사이

   예) 낮 12시 27분에 개장하여

– 오후는 13시부터 18시 사이

   예) 오후 3시 30분에 종료된다.

– 저녁은 18시부터 21시까지

   예) 저녁 9시 30분에 화재가 발생

– 밤은 21시부터 24시까지(9~12)

   예) 밤 10시 30분에 출동

㉡ 요일은 꼭 필요한 경우 이외에 표기를 생략한다.

㉢ 연도표기는 미래 시점은 4자리 숫자로, 지난 시점은 뒷자리 2자리
   만 표기한다.

   예) 오는 2024년에 완공될~, 지난 22년 당시

③ 외국 문자 표기

㉠ 한글로 표기하는 것이 원칙이고 필요에 따라 외국 문자를 '한글 (외국 문자)'의 형식으로 병기한다.

　예) 지능형 로봇 지원 사업에 총 1000억 원을 지원하는 등 지능형 리쇼어링(Reshoring) 사업이 본격적으로 추진된다.

㉡ 외국 문자로 된 약어의 경우는 '한글(원어의 본말, 약자)'의 형식으로 표기한다.

　예) 트라우마 척도(Victim Trauma Scale, VTS)를 국내 최초로 개발했다.

④ 인적 사항

㉠ 기사에서 인적 사항을 설명할 때는 '이름+호칭 및 직책(나이+직업+주소)' 형태로 쓴다.

　예) 화제의 주인공인 김분순 할머니(85.대전 서구 삼천동)는

⑤ 사진 설명

㉠ 사람의 위치에 따라 '왼쪽', '오른쪽', '가운데'로 표시한다.

　예) 왼쪽에서 첫 번째

㉡ 여러 사람(사물)을 모두 설명할 때는 '왼쪽부터' 또는 '앞줄 왼쪽부터', '시계 방향', '시계 반대 방향'으로 표현한다.

보도자료 작성 시 바꿔 써야 할 단어와 문장

보도자료는 초등학교 4~5학년 아이들도 이해할 수 있도록 쉽게 써야 한다. 하지만 완성된 보도자료를 읽다 보면 이해하기 어려운 용어가 남발되어 있거나 일본식 구문이나 단어가 혼용되어 있는 경우가 많다. 공공기관에서 발행하는 보도자료는 공공언어라는 측면에서 '표기의 정확성'과 '공공성'을 갖추어야 한다. 보도자료는 기자들을 위한 자료라고 생각하기 쉽지만, 사실은 국민 모두에게 공개되는 공문서다. 정부부처 대부분이 보도자료를 부처 홈페이지에 실시간으로 올려 국민 누구나 볼 수 있도록 공개하고 있다. 공공기관의 보도자료는 우리나라를 대표하는 기관의 공문서라는 점을 잊지 말고, '공공언어 바로쓰기'에 근거하여 단어 하나도 신중하게 선택하자.

① 반드시 고쳐 써야 할 일본식 한자어

일본식 한자어	권장 표현
잔고	잔액
지불	지급
불입	납입
고참	선임
수취인	받는 이
보유고	보유액
도합	합계

② 우리말로 바꾸어 써야 할 한자어

한자어	권장 표현
향후	앞으로
작년	지난해
금년	올해
금주	이번 주
경	쯤
내달	다음 달
차년도	다음 해
계류 중	검토 중
불시에	갑자기, 예고 없이
불입/불입하다	납입, 납부/납입하다, 납부하다
행선지	목적지

③ 군더더기 없앤 간결한 문장 예시

수정 전	수정 후
소득수준을 하향 조정했다	소득 기준을 낮췄다.
규정을 삭제하고	규정을 없애고
확대 실시키로 했다	확대하기로 했다.
정책별로 보면	정책별로는
승인될 경우	승인되면
하지 않을 수밖에 없다	할 수밖에 없다
개인 정보 보호 차원에서라도	개인 정보 보호를 위해
운영하고 있는	운영하는
이행에 있어	이행에서
현장에서 필요로 하는	현장에서 필요한

　그 외에도 존칭은 보도자료에서 생략하는 것이 좋다. 기사가 존칭으로 나가지 않기 때문이다. 공손함을 나타내기 위해 보도자료에 존칭을 사용하는 경우가 있는데 기자 입장에서 눈에 거슬린다.

미디어 트레이닝, 선택 아닌 필수!

　기관장과 정책 책임자는 미디어 앞에 서야 할 때가 많다. 언론 인터뷰나 대국민 대상의 브리핑, 방송 대담, 토론회 등이 크고 작은 미디어를 통해 노출되기 때문이다. 신문 매체 인터뷰는 부담이 적지만 방송 인터뷰나 대담은 사전 준비가 매우 중요하다. 예상치 못한 질문에 당황해 답변을 잘못하면 기관의 이미지와 정책 지지도에 악영향을 끼칠 수 있기 때문이다. 이를 방지할 목적으로 장·차관을 비롯해 기관장은 미디어 트레이닝을 받는다.

　대개 기관장의 미디어 트레이닝은 일대일로 진행된다. 먼저 강의를 통해 기자회견이나 언론 인터뷰, 대담 프로그램 등에 출연하기 위한 준비사항이나 메시지 전달 방법, 부정 이슈에 대한 답변 요령, 손동작과 시선 처리 방법 등을 배운다. 이후 본격적으로 영상 촬영을 하며 방송 인터뷰 시뮬레이션을 진행한다. 이후 시뮬레이션 영상을 언어적 요소와 비언어적 요소로 나누어 분석한다. 언어적 요소는 말의 스피드, 톤, 발음, 표현력, 단어 사용의 적절성 등을 분석하고, 비언어적 요소는 자세, 표정, 시선 처리, 손동작, 복장 및 메이크업 등을 분석한다. 이를 통해 인터뷰 시 고쳐야 할 습관이나 장단점을 확인하며 반복적으로 단점을 고치는 연습을 진행한다. 마지막으로 까다로운 질문이나 유도 질문, 부정 질문 등을 사전 준비 없이 대담하게 하여 답변에 대한 순간 대응력을 테스트하고 교정하는 실전 연습을 진행한다. 미디어 트레이닝에 참여한 기관장은 자신이 답변한 영상 화면을 보면서 답변에 어떤 문제점이 있는지 깨닫는 과정을 거친다.

그렇다면 미디어 트레이닝은 단순히 미디어 노출을 위한 커뮤니케이션 스킬을 배우는 과정일까? 그렇지 않다. 미디어 트레이닝에서 가장 강조하는 것이 '메시지 전달' 방법이다. 주제와 관련하여 미디어를 통해 어떤 메시지를 전달해야 국민으로부터 공감과 동의를 구할 수 있는지 명확히 짚어낼 수 있도록 전술적 측면에서의 트레이닝도 중요하다.

가끔 "저희 기관장님은 워낙에 언변이 좋으셔서 미디어 트레이닝을 안 받아도 될 것 같아요"라고 말하는 분들이 있다. 그러나 언변이 좋은 것과 미디어에 메시지를 잘 전달하는 것은 다르다. 특히 부정 이슈 시 메시지 전달 전략은 이슈를 더 확대할 수도, 축소할 수도 있다.

미디어 트레이닝은 단순히 말 잘하는 기술을 가르치는 것이 아니다. 국민을 대상으로 어떻게 해야 효과적으로 메시지를 전달할 수 있는지 고민하고 트레이닝 받는 과정이다.

사람들이 건강한 몸을 만들기 위해 헬스 트레이닝을 받듯이 정확한 메시지를 전달하기 위해서는 미디어 트레이닝이 필요하다. 특히 요즘 같은 수많은 미디어에 노출되어야 하는 미디어 홍수 시대의 기관장들에게 미디어 트레이닝은 선택이 아닌 필수다.

성공적인 언론 인터뷰를 위한 준비 팁!

언론 인터뷰는 인터뷰에 응할 기관장이 알아서 잘하면 될까? 그렇지 않다. 인터뷰 전에 홍보담당자가 얼마나 치밀하게 준비하느냐에 따라 인터뷰 성공 여부가 결정된다고 할 만큼 사전 준비가 중요하다. 성공적인 메시지 전달을 위한 인터뷰 준비 요령을 정리해 봤다.

① 인터뷰 내용 및 인터뷰 유형 파악

인터뷰 진행을 확정한 후 가장 먼저 파악해야 할 것이 인터뷰 질문지다. 기자들은 사전 질문지를 요청하면 준비해 준다. 만약 기자가 질문지를 전달해 주지 않는다면 구두로라도 어떤 질문을 할지 파악해야 한다. 그래야 예상 답변을 충실하게 준비할 수 있다.

인터뷰 유형을 파악하는 것도 중요하다. 대면 인터뷰인지 서면 인터뷰인지, 사진기자가 동행하는지 영상 촬영도 함께 진행하는지 파악해야 한다. 신문 매체이니 사진 촬영만 진행된다고 생각하면 오산이다. 최근에는 신문 매체도 영상 촬영을 병행하는 경우가 있다. 대면 인터뷰라면 인터뷰 장소도 신경 써야 한다. 인터뷰 주제에 따라 인터뷰 장소가 훌륭한 홍보의 장이 될 수 있다. 인터뷰 사진 촬영을 위한 배경도 신경 써야 한다. 인터뷰 사진에 노출되는 배경에도 홍보 요소를 포함할 수 있기 때문이다.

② 취재기자 성향 파악

취재기자의 성향을 파악하는 것도 중요하다. 평소 친분이 있는 기자라면 성향을 파악하기 쉽지만 그렇지 않다면 기자가 작성한 최근 기사를 보면 평소 관심 있게 다루는 주제, 기관이나 정책에 대한 인식 정도를 파악할 수 있다. 해당 주제에 대한 기자의 지식이나 정책에 관한 관심 정도를 알아두면 인터뷰 답변을 준비할 때 도움이 된다.

③ 예상 답변 준비

인터뷰 답변 자료를 준비할 때 가장 중요한 것이 핵심 메시지를 명확히 하는 것이다. 인터뷰는 기자가 궁금한 것에 대답하는 자리라고 생각하면 안 된다. 인터뷰를 통해 기관이 알리고자 하는 핵심 메시지를 전달하는 소중한 기회로 삼아야 한다. 내부 회의를 통해 인터뷰에서 무엇을 핵심으로 강조할 것인지 명확히 하여 기관에서 원하는 내용으로 인터뷰를 끌고 가야 한다. 예상 질문을 20개 내외로 만들어 답변을 정리하되 최대한 키 메시지가 잘 전달될 수 있도록 구성하자. 그렇다고 답변이 너무 길면 좋지 않다. 예상 답변은 서너 문장을 넘기지 말자. 쉽게 기억할 수 있을 정도의 짧고 단순한 문장으로 답변서를 준비하되 말하고자 하는 결론을 명확하게 전달할 수 있도록 구성하는 것이 중요하다.

④ 통계·사례 등 보충 자료 준비

인터뷰 기사를 쓸 때 통계나 유사사례 등 보충 자료를 적절히 인용할 수 있도록 준비하자. 기관의 성과 등을 설명할 때는 특히 수치나 그래프 등을 제시하는 것이 도움이 된다. 정확한 정보 전달 효과뿐 아니라 기사에 통계나 그래프 등이 이미지로 노출되기 때문에 독자들의 이해를 돕는데 효과적이다.

미디어 인터뷰 잘하는 요령 Top 4

① 실전처럼 연습하자.

충분한 연습만이 능숙한 인터뷰를 가능하게 한다. 기자에게 전달받은 질문만 답변을 준비하지 말고, 혹시 모를 난감한 질문에도 답변할 수 있도록 연습해야 한다. 특히 논점에서 벗어난 질문을 할 경우 기관에서 전달하고자 하는 핵심 메시지로 인터뷰 방향을 리드해 원하는 내용이 반영될 수 있도록 연습하는 게 필요하다.

② 답변은 질문당 20초 내외가 적당하다.

인터뷰 답변은 특별한 경우가 아니라면 20초를 넘기지 말자. 간혹 의욕에 넘쳐서 한가지 질문에 10여 분간 답하는 경우가 있다. 답변이 길거나 복잡하면 핵심 내용을 전달하기가 어렵다. 이때에는 답변이 종료된 후 홍보담당자가 다시 한번 핵심 답변을 정리해 확인시키는 것이 좋다.

③ 긍정적인 단어로 답변한다.

간혹 기자가 부정적인 질문을 하면 부정적인 단어로 답변하는 경우가 있다. 그러나 부정적인 단어는 사용하지 않는 것이 좋다. 반드시 긍정적으로 순화해서 사용하자. 실제로 현재 상황이 부정적인 경우라도 '안 좋은 상황'이라고 답하기보다는 해결책에 초점을 맞춰 답하는 노력이 필요하다.

④ 인터뷰이가 인터뷰 주체가 되게 하라.

인터뷰에 응한다는 수동적인 생각을 버려라. 인터뷰의 주체는 인터뷰이가 되어야 한다. 대화의 흐름에 대한 통제력을 갖고 기관이 원하는 메시지를 전달할 수 있도록 분위기를 리드하는 노력이 필요하다.

인터뷰 시 난감한 질문을 피하는 6가지 요령

인터뷰를 요청하는 기자들이 모두 우호적인 질문만 하는 것은 아니다. 간혹 답변하기 어려운 난감한 질문을 할 때가 있다. 하지만 걱정할 것 없다. 미디어 트레이닝을 통해 난감한 질문에 답하는 요령을 익히면 된다. 미디어 트레이닝에서 알려주는 난감한 질문에 답하는 방법을 소개한다.

① 유도 질문

인터뷰에 답하다 보면 인터뷰이를 떠보는 유도 질문을 하는 경우가 있다. 대체로 "제가 듣기로는~~" "소문에 의하면~~" "일각에서는~~" 같은 말로 시작되는 질문이다.

이런 질문에 답할 때는 함부로 추측성 답변을 하지 않도록 조심해야 한다. 그렇다고 '잘 모른다'라고 넘겨서도 안 된다. 사실과 다른 부분에 대해서는 반드시 수정해야 한다. 사실 여부를 정확히 알 수 없을 때는 "해당 내용에 대해서는 관련 부서에 확인한 후 연락드릴 수 있도록 하겠습니다" 정도로 답변을 마무리하자.

② 잘못된 전제

간혹 확실치 않은 내용을 사실인 것처럼 전제를 앞에 내세우고 질문하는 경우가 있다. 예를 들면 이런 식이다. "이번 특혜로 몇 명이 피해를 봤습니까?"라고 질문을 받았을 때 "피해는 아직 파악하지 못했습니다" 또는 "어느 정도 피해는 있겠지만..." 식으로 답변하는 순간 '특혜=피해'라는 전제를 인정하는 꼴이 된다. 이때에는 잘못된 전제에 대해 동의하지 않음을 밝히고, 수정할 내용이 있으면 단호하게 수정해 주어야 한다.

"대단히 죄송하지만, 전 그 전제에 대해서 동의하지 않습니다. 중요한 것은 현재 이번 사안은 조사과정에 있으니, 상황을 지켜보며 추가적인 내용이 나오는 대로 말씀드리겠습니다."라고 답변하면 된다. 절대 전제를 일부 인정하거나 아무렇지 않게 그냥 자신이 할 대답으로 넘어가지 말자.

③ 부정적인 질문

기자가 부정적인 질문을 하거나 문제점을 지적한 경우 이를 부인하거나 방어적으로 답변하지 말아야 한다. 문제점을 이미 알고 있었으며, 해결하기 위해 어떤 조치를 취하고 있는지 '해결을 위한 노력'에 초점을 맞추어 답변하자. 문제점이 아니라 앞으로의 계획과 발전방안 등 긍정적인 메시지가 노출될 수 있도록 하는 것이 중요하다.

④ 반복적인 질문

어떻게서든 기자가 의도한 답변을 얻어내기 위해 민감한 특정 이슈에 대해 거의 동일한 내용의 질문을 각도만 바꾸어 반복적으로 질문하는 경우가 있다. 이에 대한 대응방식은 간단하다. 평정심을 유지하며 답변자도 계속 동일한 메시지로 답변하면 된다. "같은 질문이 계속 반복되는데요. 제가 드릴 수 있는 답변은 ○○○입니다."라는 식으로 말이다. 좀 더 평정심을 유지할 수 있다면 "기자님 질문에 제가 드릴 수 있는 답변은 정확히 말씀드렸습니다. 제가 강조하고 싶은 것은 이번 사안의 핵심은 ○○○이라는 것입니다."라는 식으로 인터뷰를 통해 전달하고자 하는 핵심 메시지를 한 번 더 전달하면 좋다.

⑤ 준비되지 않은 질문

사전에 예상 질문을 많이 뽑았어도 생각지 못한 질문을 받는 경우가 있다. 특히 정확한 숫자 등을 요구하면 갑자기 생각이 안 날 수 있다. 기관의 책임자로서 해당 정책이나 사실에 대해 이해가 부족한 것으로 비칠까 봐 대략의 추정치를 말하는 경우가 있다. 이때에는 질문을 피하려 들거나 정확하지 않은 사실을 억지로 답변하기보다는 "그 부분은 확인 후 따로 기자님께 정보를 전달드리겠습니다." 정도로 정리하자.

⑥ 알고 있지만 답변할 수 없는 상황일 때

가끔 현재 진행 중인 사안이나 기밀 사항에 대해 질문하는 경우가 있다. 머릿속으로는 이야기하면 안 된다고 생각하면서도 친분이 있는 기자일 경우 자신도 모르게 "답변하기 애매하긴 한데… 아마 이런저런 상황인 것으로 알고 있습니다."라고 말하는 경우가 있다. 뒤에 "추진 중인 사안이라 확실한 것은 아니니 기사화하지는 말아주세요."라고 전제를 붙이면서 말이다. 그러나 엠바고라고 하는 약속은 기자에게 통하지 않는다. 기자에게 뒤통수 맞았다고 속상해해도 소용없다. 기자의 모든 질문에 답할 필요는 없다. 이때에는 "현재 그 문제는 검토(진행) 중이라 답변드리기가 어렵습니다." 또는 "죄송하지만 그 문제에 대해서는 제가 말할 수 있는 입장이 아닙니다. 왜냐하면~~" 식으로 답변할 수 없는 상황임을 이해시키고 넘어가면 된다.

기관장이 언론을 통해 노출하는 언어는 강력한 영향력을 갖는다. 특히 쟁점이 있고, 이슈가 있는 주제에 대해서는 더더욱 그렇다. 미디어는 그런 쟁점을 부각하고, 이슈를 파고드는 속성이 있다. 이때에는 인터뷰 경험이 많은 리더들도 당황하기 쉽다. 다양한 상황에 대한 실전 훈련이 되어 있어야 실수를 줄일 수 있다. 미디어 트레이닝을 정기적으로 받아 실전에 대비하자.

TV 인터뷰 잘하는 법

언론 인터뷰는 매체에 따라 주의해야 할 점이 다르다. 신문이나 잡지 인터뷰는 '무엇을 이야기할 것인가'에 초점을 맞추면 되지만, TV 인터뷰는 '어떻게 이야기할 것인가'가 매우 중요하다. TV 인터뷰 특성상 사실보다 인터뷰하는 모습에서 비치는 이미지가 대중에게 더 큰 영향을 미치는 경우가 많다. 따라서 TV 인터뷰는 더 많은 준비가 필요하다.

① 의상과 메이크업 준비
㉠ 진한 색의 의상 준비

정상회담 사진에 찍힌 대통령의 의상을 한번 떠올려보자. 모두 짙은 네이비색, 짙은 회색이 주류다. 옷의 색깔은 권위를 나타낸다. 짙은 색은 안정감과 무게감을 줄 수 있다. 여성도 마찬가지다. 하얀색은 와이셔츠와 블라우스에만 해당한다. 겉옷이나 원피스 등은 하얀색을 피하는 것이 좋다.

ⓛ 체크무늬 옷과 화려한 액세서리는 피하자.

가는 체크무늬 옷이나 넥타이는 절대 금물이다. TV 화면을 어른거리게 만든다. 또한 화려한 액세서리는 피하는 것이 좋다. 시청자들이 인터뷰 내용에 집중하지 못하고 '저 귀걸이는 얼마일까?' '저 시계는 무슨 브랜드일까?'에 더 신경 쓰기 때문이다.

ⓒ 양복 상의 단추는 풀어 놓자.

앉아서 하는 인터뷰는 단추를 풀고, 서 있을 때는 잠근다. 특히 배가 나온 남성들의 경우 양복 상의를 풀지 않고 있으면 시청자의 시선이 조마조마하게 붙어 있는 양복 단추에 쏠리게 마련이다.

② 인터뷰할 때 올바른 자세
ⓐ 앞으로 당겨서 앉자

상체를 인터뷰어 쪽으로 향하게 하자. 이는 인터뷰어의 질문에 관심을 표하는 좋은 방법이다. 특히 특정 메시지를 강조해야 할 경우 더욱 상체를 인터뷰어를 향해 가깝게 움직이자. 반대로 공격적인 질문을 받앉을 때 너무 수비적인 자세를 취해 인터뷰어로부터 멀리 앉아 있는 것은 아닌지 점검해 보자.

ⓛ 카메라를 보지 말고, 인터뷰어를 보자.

TV 인터뷰 때 가장 부자연스러운 게 카메라를 응시하면서 인터뷰할 때다. 카메라를 보거나 자신을 비추고 있는 모니터링 화면에 눈길을 주지 말고, 질문을 하는 인터뷰어를 자연스럽게 바라보면서 인터뷰하자. 카메라가 알아서 인터뷰이를 단독으로 잡고 있으니 나의 옆모습만 나올 것이라고 걱정하지 말자.

ⓒ 적당한 제스처는 좋다.

양손을 자연스럽게 움직여주면서 메시지를 강조하는 것이 좋다. 동의하거나 긍정적인 내용에는 고개를 끄덕이자. 중요한 메시지를 전할 때는 표정을 진지하게 하고, 위기 상황이나 부정 이슈와 관련한 인터뷰가 아니라면 가끔 미소를 지어주며 여유롭고 다정한 이미지를 연출하자.

③ TV 인터뷰할 때 주의할 점

ⓖ 자주 쓰는 말버릇을 체크하자.

사람은 자신도 모르게 습관처럼 쓰는 말버릇이 있다. "그게 말이

죠…….", "그러니까……." "다시 말씀드리면……." 이런 것들이다. 미디어 트레이닝을 하며 인터뷰하는 모습을 녹화하여 보여주면서 "기관장님께서 습관처럼 쓰는 말입니다"하고 지적하면 "몰랐다"라며 깜짝 놀라신다. 이런 말들은 대부분 자신이 한 말을 상대방이 이해 못했을까 봐 다시 정리해야겠다는 생각에서 나온다. 그러나 방송 인터뷰는 매우 짧다. 부연 설명이나 불필요한 조사 등은 과감히 교정함으로써 간결하게 답변할 수 있도록 하자.

ⓒ 카메라가 꺼져 있을 때를 더 조심하자.

인터뷰할 때는 한껏 긴장했다가 TV 카메라가 꺼지면 긴장이 풀려서 생각지도 못한 말들을 내뱉는 경우가 있다. TV 탐사 프로그램에서 단골 장면으로 등장하는 스틸 화면에 걸린 녹음 내용의 대부분이 카메라가 꺼진 상황에서 녹음된 음성이다. 카메라가 꺼졌다고 취재가 끝난 것은 아니다. 방송국 건물을 나올 때까지, 혹은 기자가 인터뷰 장소를 떠날 때까지 인터뷰는 계속된다고 생각해야 한다.

ⓒ 시간에 쫓기더라도 잘못된 내용은 반드시 교정하고 넘어가자.

생방송 인터뷰의 경우 주어진 시간이 짧다 보니 시간에 쫓겨서 해야 할 말을 못 하고 그냥 넘어가는 경우가 많다. 하지만 부정확한 사실이나 잘못된 표현이 있다면 빨리 교정하고 넘어가야 한다. 시간에 쫓겨

잘못된 내용을 놓치고 넘어가면 안 된다. 시간이 부족하면 기자가 알아서 다른 질문을 빼거나 조절한다. 생방송은 편집이 없다. 반드시 추측이나 정확하지 않은 정보는 교정하고 넘어가야 한다.

홍보인에게 기자는 '최고의 자산'

20여 년간 홍보 업무를 하면서 가장 큰 자산이 무엇이냐고 묻는다면 '좋은 관계를 유지하고 있는 기자들'이라고 말하고 싶다. 코로나19 이후 기자 미팅이 주춤해졌지만, 예전에는 기자를 만나고 통화하는 게 일상일 때가 있었다. 처음부터 좋은 관계를 쌓아왔던 기자도 있고, 부정 이슈를 풀어가는 과정에서 돈독해진 기자도 있다. 이렇게 관계를 쌓아온 기자들이 홍보 회사를 운영하는 데 가장 큰 힘이 되는 소중한 자산이다.

가끔 기자와 허물없이 지내는 것을 보고, 후배들이 물어볼 때가 있다. "어떻게 기자와 그렇게 친하세요?", "기자와 친해지려면 어떻게 해야

해요?"

사실 기자를 상대하기는 어렵다. 특히 홍보 업무를 처음 시작한 MZ 세대에게 기자에게 전화하거나 대면 미팅을 진행하는 것은 여간 부담스러운 일이 아니다. 친구와도 전화 통화를 하지 않고 카톡만 주고받는 세대이지 않은가? 그러나 홍보 업무의 많은 부분이 미디어 노출에 있다는 점에서 기자 관계는 피할 수 없는 중요한 일이다. 피할 수 없다면 즐기라고 하지 않았던가? 기자와 홍보담당자 사이를 갑과 을로 생각하지 말자. 기자가 갑으로 여겨지는 순간 부담스럽고 어려운 상대가 된다. 그도 사람이고 나도 사람이다. 우리는 기자가 필요로 하는 기삿거리를 주면 되고, 우리가 원하는 것은 기사를 통해 취하면 된다. 그들도 우리에게 필요한 것이 있어 관계하는 것이다. 관계를 위해 노력은 하되 '을'이 되지는 말자.

그렇다면 기자와 좋은 관계를 유지하기 위해 어떤 노력이 필요할까?

첫째, 기자보다 전문가가 되어야 한다.

자신이 속한 기관에 대한 전문성만으로는 부족하다. 기자보다 업계 현황, 이슈, 트렌드를 잘 파악하고 있어야 한다. 그래야 기자들이 관련 이슈가 있을 때 나를 먼저 찾게 된다.

그런데 어설프게 공부하면 기자보다 더 많이 알기가 어렵다. 기자는 온종일 출입처 담당자를 만나 관련 정보를 듣고, 매일 관련 분야의 기사를 쓰는 사람이다. 따라서 홍보담당자가 이 분야 전문가가 되기 위해서는 항상 노력하고 공부해야 한다. 적어도 기자가 "요즘 이런 이슈가 있던데~~" 했을 때 "아! 그래요? 그게 무슨 이야기죠?"라고 물어보는 상황이 되면 안 된다. 기자는 정보를 주는 사람이 아니고 정보를 캐는 사람이다. 기자는 정보를 얻을 수 있는 사람을 찾는다는 걸 잊지 말자.

둘째, 열정적인 자세가 필요하다.

홍보담당자로서 우리 기관에 대한 열정과 애정을 보여야 한다. 홍보담당자가 애정이 없다면 기자도 애써 홍보해 줄 마음이 안 생긴다. 반대로 홍보담당자가 해당 기관이나 정책에 애정이 넘친다면 기자도 관련 내용에 관심을 갖게 된다.

홍보인이라면 자신이 홍보하는 기관이나 브랜드에 열정을 갖는 것이 기본이다. 그리고 열정이 기자에게 진정성 있게 전달될 수 있도록 하는 것이 중요하다. 보도자료만 이메일로 보내고 마는가? 전화하고, 필요하면 미팅을 요청해 찾아가는가? 열정을 어떤 식으로 표현하고 있는지 점검해 보자.

셋째, 뉴스 가치가 높은 아이디어를 제안하자.

기자와 자주 만나 맛있게 식사하고 진심으로 소통하면 기자가 좋아할까? 아니다. 기자는 좋은 기삿거리를 제공하는 홍보담당자를 좋아한다. 매일 기삿거리를 고민하는 기자 입장에서 홍보담당자가 흥미로운 기획기사 아이템을 제안하면 어떨까? 기자가 좋아하는 통계나 설문조사를 이용한 기사 아이템이나 기사화될만한 훈훈한 스토리를 던져준다면 기자가 좋아하지 않을 이유가 없다. 홍보담당자는 기자를 만나기전에 좋은 기사 아이템을 준비하려고 노력해야 한다. 매번 빈손으로 만나 시간 때우기용으로 하는 미팅은 좋은 관계를 지속하기 어렵다.

넷째, 기사에 대해 피드백하라.

누구나 자신의 일에 관심을 보이면 상대방에게 우호적인 감정이 생긴다. 기자도 마찬가지다. 보도자료나 기획기사를 내달라고 부탁할 때만 연락하고, 기자가 신경 써서 기사를 써 주면 당연한 일로 받아들이고 있지는 않았는가? 기자도 자신이 쓴 기사에 관심을 두고 칭찬해주면 좋아한다. 우리 기관에 관한 좋은 기사를 썼을 때는 물론이고, 다른 이슈에 관한 기사라도 좋은 내용이면 기자에게 문자 한 통 보내 보자. "기자님 좋은 기사 잘 봤습니다."라고 말이다. 노력 없이 쌓이는 관계는 없다.

다섯째, 친하다고 생각할수록 예의를 지키자.

기자와 호형호제하는 사이라면 "형" "동생"이라고 부르며 지낼 수 있을까? 그렇지 않다고 본다. 기자와 홍보인의 관계를 설명할 때 '불가근

불가원'이라는 말이 있다. 이 말이 괜히 나온 것이 아니다. 진심으로 친해질 수는 있지만, 기자와의 예의는 지키는 것이 좋다.

한 예로 과거에 겪었던 사례를 풀어본다. AE 시절에 사수로 모시던 팀장님은 기자 출신이었다. 그렇다 보니 만나는 기자가 후배인 경우가 많았다. 평소에는 홍보대행사 직원과 기자와의 관계이니 후배라도 깍듯이 기자 대우를 해 주셨다. 그러던 어느 날 기자간담회가 끝나고 기자들과 뒤풀이하는 상황에서 일이 발생했다. 술이 좀 들어간 팀장님이 기자들의 이름을 부르며, "○○야! 이 형이~~"라고 말하는 순간 분위기가 싸~~해지며, "제가 왜 팀장님 동생입니까?"라며 기자가 불쾌감을 드러냈다. 그때 알았다. 기자와 좋은 관계를 오래 유지하기 위해서는 아무리 친해도 예의를 지켜야 한다는 것을 말이다.

여섯째, 소셜미디어로 관심을 표현하라.

요즘은 페이스북, 인스타그램 등의 SNS 채널을 통해 안부를 전하는 경우가 많다. 직접 전화로 소통하는 것이 부담스럽다면 SNS를 통해서라도 소통하려고 노력하자.

기자가 해외 취재를 하러 가서 SNS에 글을 올렸다면 그곳의 맛집이나 꼭 들려야 하는 관광지를 DM으로 알려주어도 좋고, 기자가 쓴 블로그 글에 댓글을 남기는 것도 방법이다. 귀찮지만 관계를 위해서는 노력이 필요하다.

홍보인의 명함 관리법

홍보대행사에 근무하다 보면 무수히 많은 사람을 만난다. 기자, 클라이언트, 협력업체 담당자에 이르기까지 홍보인의 모든 인맥은 비즈니스와 연결된다. 따라서 명함을 잘 관리하는 것은 인맥을 잘 관리하는 것과 동일하다.

명함 관리는 단순히 이름과 직책을 확인하는 용도가 아니다. 예전에는 기자와 미팅하고 나면, 미팅 리포트를 반드시 작성했다. 미팅 리포트에는 그날의 미팅 내용뿐 아니라 기자에 대해 알게 된 정보를 모두 기재해 업데이트했다. 이러한 기록들이 DB로 쌓이면 중요한 자산이 되기 때문이다.

요즘은 '리멤버'를 비롯해 다양한 명함 애플리케이션이 등장하면서 굳이 미팅 리포트를 작성하지 않아도 간편하게 명함 앱의 메모 기능을 활용해 추가 정보를 기록해 둘 수 있다.

미팅 후에는 명함 앱에 개인별 특이사항을 기록해 두자.

홍보대행사에 근무하다 보면 점심, 저녁 식사를 기자나 클라이언트와 함께해야 할 때가 많다. 이럴 때마다 항상 고민되는 것이 식당 예약이다. 해당 기자가 어떤 음식을 좋아하는지, 어떤 분위기의 식당을 좋아하는지 알지 못하면 고민이 많아진다. 이럴 때 명함 앱에서 기자에 대한 정보를 기록해 둔다면 다음 미팅 때나 후배들이 기자 미팅할 때 도움을 줄 수 있다. 필자의 경우, 누구를 만나든 미팅이 끝나면 곧바로 '리멤버' 앱을 열어 명함을 찍어 올린 후 메모장에 새롭게 알게 된 정보를 모두 기록해 놓는다(나이, 사는 곳, 결혼 여부, 자녀 정보, 좋아하는 음식, 못 먹는 음식, 주요 관심사, 정치 성향, 종교 등). 이렇게 정리해 놓은 명함 DB는 다음 미팅 때 더 많은 이야깃거리를 만들어 준다.

오늘도 치열하게 홍보 현장을 누빈 당신은 몇 장의 명함을 받았는가? 당신이 받은 명함이 당신만의 경쟁력이 될 수 있도록 명함 앱에 당신만이 아는 정보를 기록해 두자.

제3장
소통 대세, 소셜 홍보 따라하기

뉴미디어와 친하신가요?

필자가 주니어 시절엔 홍보 AE는 방송·신문과 친해져야 했다. 매일 아침 출근하면 일간지, 경제지를 훑어봐야 했고, 새로 시작하는 TV 프로그램이 뭔지 확인해야 했다.

그런데 지금은 어떠한가? 홍보 담당자는 블로그, 페이스북, 인스타그램 정도는 운영할 줄 알아야 하고, 요즘 인기 있는 인플루언서 채널이 무엇인지 파악하고 있어야 한다. 정보를 소비하는 매체가 매스미디어에서 뉴미디어로 바뀌었기 때문이다. 이렇다 보니 공공기관도 뉴미디어를 활용한 홍보에 적극적이다. 기관장의 페이스북이나 유튜브 채널 운영도 보편화되었다. 이제 언론은 공공홍보의 일부분일 뿐 뉴미디어를 이용한 홍보가 더욱 중요한 시대가 됐다. 그러나 안타깝게도 공공기관의 홍보책임자 중에는 그 흔한 SNS 계정조차 없는 경우가 많다.

필자가 잠시 홍보전문위원으로 몸담았던 공공기관의 홍보팀장님도 그런 분이었다. 새롭게 인사 발령을 받아 홍보팀 책임자가 된 50대 초반의 팀장님은 해당 기관에 있는 동안 홍보와 관련된 일을 전혀 해 본 적이 없는 분이셨다. 어느 날 조용히 필자를 회의실로 부르더니, 본인의 스마트폰을 내밀며 페이스북과 인스타그램 계정을 만들어달라고 부탁하셨다. 팀장님은 홍보팀에 합류한 뒤에야 뉴미디어와 친해지는 노력을 시작했다. 그러나 안타깝게도 뉴미디어에 익숙할 즈음 팀장님은 다른 부서로 발령이 났다.

과연 이러한 경우가 예를 들었던 기관에만 해당하는 일일까? 그렇지 않다. 공공기관은 순환보직이다. 이렇다 보니 홍보와 담쌓고 있던 분이 홍보 업무를 총괄하는 경우가 있다. 이들이 뉴미디어를 얼마나 잘 알고 있을까? 당연히 잘 모른다. 하지만 자리를 맡았으니 SNS 계정을 만들고 공부를 시작한다. 학구열에 불타 열심히 공부해 보지만, 하루가 다르게 새로운 것들이 쏟아지는 뉴미디어의 트렌드를 따라가기 쉽지 않다. 더 큰 문제는 어느 정도 뉴미디어와 친해졌다 싶으면 다른 부서로 발령이 난다는 점이다. 공공기관의 책임자들이 뉴미디어 분야의 전문성을 키우기 어려운 이유가 '순환보직 인사'에 있다. 이렇다 보니 몇몇 지자체의 경우에는 젊은 뉴미디어 담당관에게 SNS 운영의 책임과 권한을 넘기는 경우도 있다. 전에 없던 B급 시정홍보물로 이름을 알린 충주시 SNS의 경우가 이에 해당한다. 충주시 SNS 담당자인 김선태 주무관은 '선(先) 업로드, 후(後) 보고' 체계가 SNS 성공 비결이라고 말한다.

그러나 모든 부처의 홍보책임자가 뉴미디어 담당자에게 모든 권한을 부여하지는 않는다. 어떤 리스크가 생길지 모르기 때문이다. 특히 국정 전반을 책임지는 주요 부처의 경우 더욱 보수적으로 운영할 수밖에 없다.

공공기관의 SNS는 왜 재미없을까? 의문이 들겠지만 어쩌면 당연한 결과다. 뉴미디어와 친하지 않은 홍보 책임자의 검토를 받아야 하는데, 이분들은 해당 SNS 콘텐츠가 트렌드에 걸맞은 흥미 요소를 갖추고 있느냐를 검토하기보다 부정 이슈를 야기할만한 리스크 요소는 없는지 고민한다. 이렇다 보니 B급 콘텐츠 기획안이 통과되기 쉽지 않다. 또한 최신 트렌드의 콘텐츠를 기획했다면, 요즘 SNS 트렌드가 어떻게 바뀌고 있는지, '숏츠'가 뭐고, 왜 유튜브 콘텐츠를 짧게 만들어야 하는지 설명하고 설득해야 한다. 웬만한 열정이 있지 않으면 발 빠르게 새로운 시도를 하기 어렵다. 그러나 이러한 환경일수록 홍보담당자가 뉴미디어 전문가가 되어야 한다. 총괄 책임자가 뉴미디어에 익숙하지 않아서 생기는 불안은 홍보담당자의 전문성을 기반으로 신뢰를 쌓아간다면 해소될 수 있다. 책임자가 믿고 권한을 부여할 수 있을 만큼 신뢰를 쌓아보자. 그러기 위해서는 지금보다 더 뉴미디어와 친해져야 한다.

공공기관 SNS 운영의 기본원칙

　모바일 혁명을 통해 가장 활성화된 분야가 SNS다. 페이스북이나 인스타그램 계정 한두 개는 누구나 운영하는 시대다. 특히 홍보 채널로서의 SNS 활용도는 대단하다. 파급력, 저비용, 고효율, 그리고 소통에 뛰어나기 때문이다. 이러한 이유로 SNS 채널은 대국민 소통을 위한 필수 매체로서 인식되고 있다. 그러나 공공기관은 SNS를 통해 대중과 대화하고 대중의 관심사를 다루는 것에 겁을 먹는다. 혹시라도 실수를 저질러 명성에 악영향을 줄까 염려되기 때문이다. SNS는 엄청난 파급력을 지니고 있으며, 특히 이를 통해 부정적 이슈가 걷잡을 수 없이 확산되기 때문에 홍보 효과만큼 리스크 요인도 많다. 그러나 국민과 SNS상에서의 소통을 너무 두려워하지 말자. SNS를 운영할 때 기본원칙만 잘 지키면 걱정할 것이 없다.

① 사실에 기반한 내용이어야 한다.

공공기관 SNS 콘텐츠는 공신력을 갖는다. 따라서 정확하게 확인된 사실에 기반하여 작성해야 한다.

② 쉽게 이해할 수 있도록 구성해야 한다.

아무리 좋은 정책이라도 국민의 눈높이에 맞지 않으면 외면당하기 쉽다. 해당 정책이나 사업이 국민의 삶에 어떤 의미가 있는지를 쉽고 친절하게 풀어주어 누구나 이해하고 공감할 수 있도록 구성해야 한다.

③ 관련성 있는 주제를 선택한다.

SNS 콘텐츠 특성상 재미와 흥미 있는 소재를 찾는 것이 중요하다. 하지만 단순히 흥미만 끌어서는 안 된다. 기관에서 운영하는 SNS 채널인 만큼 기관의 사업 및 정책과의 관련성이 있어야 한다. 예를 들어 법무부에서 최근 넷플릭스에서 인기리에 방영한 '더 글로리'를 소재로 SNS 콘텐츠를 작성하려면 학교폭력과 관련한 법률 정보 등을 연계하여 소개해 보자.

④ 구어체를 사용한다.

공공기관에서 운영하는 SNS 채널에 언론에 배포하는 보도자료 내용을 그대로 올리는 경우가 종종 있다. SNS는 언론매체가 아니라 소통 채널이다. 따라서 보도자료 내용을 소개하더라도 사람 냄새 나는 친절한 어투로 재가공하여 업로드해야 한다. 예를 들어 '(보도자료) 산림청에서는 봄철 산불 예방에 대한 국민적 관심을 높이기 위해 캠페인을 실시한다고 밝혔다. ⇒ (SNS) 아름다운 산을 지키기 위한 산불 예방 캠페인, 우리 모두 함께 참여해요!로 바꾸어야 한다.

⑤ 반드시 법규를 준수해야 한다.

공공기관에서 제작한 콘텐츠가 저작권법을 위반한다면 국민에게 큰 질타를 받을 수 있다. 따라서 저작권법, 개인정보보호법, 공직선거법 등 관련 법규를 준수하여 SNS 콘텐츠를 작성하는 것이 매우 중요하다. 특히 공공기관의 경우 SNS 콘텐츠를 외부 협력업체에 맡기거나 홍보 서포터즈를 운영하여 제작하는 경우가 있는데, 외부 업체나 서포터즈를 통해 제작한 콘텐츠의 이미지나 서체에서 저작권 문제가 발생할 때가 있다. 따라서 내부의 홍보담당자뿐 아니라 SNS 콘텐츠를 제작하는 모든 관계자가 해당 내용을 숙지하도록 해야 한다.

⑥ 업로드 전 반드시 더블 체크한다.

공공기관에서 운영하는 SNS 콘텐츠는 업로드 전에 여러 단계의 검토를 거쳐야 한다. 이때에는 오타, 맞춤법뿐 아니라 틀린 표현, 잘못된 정보나 사진, 비속어 사용 여부, 정치·종교·사회적 중립을 지키고 있는지 등 다각적인 검토가 필요하다.

⑦ 부득이하게 콘텐츠 공개를 취소해야 하는 경우에는 숨김 처리를 원칙으로 하고, 삭제해야만 하는 상황에는 콘텐츠와 콘텐츠에 달린 시민들의 댓글 등을 캡처해서 보관해야 한다.

⑧ 성역할이나 성차별적 표현에 주의한다.

공공기관의 홍보 콘텐츠를 제작할 때는 성역할과 성차별적 표현이 없는지 주의 깊게 살펴봐야 한다.
 - 남자는 파랑/여자는 분홍, 남자는 바지/여자는 치마, 남자는 커트/
   여자는 긴머리 등의 전형성은 지양하자.
 - 자녀, 부모, 장애인 등 돌봄이 필요한 가족을 돌보는 사람을 남성으
   로도 표현하자.
 - 요리, 청소 등 가사 일을 하는 행위자를 남성으로도 표현하자.
 - 장애인 이미지를 표현할 때는 휠체어 장애인 외에도 시각장애인,
   보조기기 착용 장애인 등 다양하게 반영하자.

댓글 민원에 대응하는 현명한 방법

SNS는 소통 채널이기 때문에 댓글로 민원을 제기하거나 부정적인 의견을 올리는 경우가 있다. 이때에는 담당자가 임의로 답변을 달거나 개인 판단에 따라 대응하지 말고 명확한 운영원칙에 따라 처리해야 한다.

① 사건 등에 대해 신고나 제보를 받았을 때는 구체적인 정황과 진위를 확인할 수 있도록 사건 발생 시간, 발생 장소, 제보자명, 연락처 등을 반드시 확보한다.

② 설명을 필요로 하는 문의 댓글이 달렸을 경우에는 해당 부서에 내

용을 전달하고, 정확한 답변을 받아 빠르게 공유한다. 빠른 답변이 어려운 경우에는 '해당 내용을 확인 후 빠른 시일 내에 답변을 드리겠습니다'라고 양해를 구하는 댓글을 단 후 준비가 됐을 때 답변한다.

③ 그 외 아래 내용에 해당할 경우 예고 없이 숨기기, 삭제 조치가 가능하다.

- 허위 사실 및 이를 유포한 경우
- 상업성 광고, 욕설, 음란성 글
- 동일한 내용의 글을 반복해서 올리는 행위
- 타인이나 단체 등을 비방하거나 모욕하는 글
- 주민등록번호, 계좌번호, 연락처 등 개인 신상정보가 포함된 글

위의 삭제 대상에 해당하는 글을 반복적으로 올리고 운영자의 중단 권고를 무시하는 경우, SNS 계정에 대한 접근을 차단할 수 있다. 단, 댓글 차단 전에 '게시글 관리 원칙에 따라 해당 게시글은 차단 조치될 수 있음'을 이메일이나 쪽지로 게시글 관리 원칙 내용과 함께 사전 공지한다.

콘텐츠 다이어트 시대, '숏폼'으로 승부하자!

SNS상에서 '숏폼 콘텐츠'가 인기다. '숏폼'은 짧다는 뜻의 영단어 '숏(short)'과 형식을 뜻하는 '폼(form)'의 합성어다. 즉, 숏폼은 글자 그대로 짧은 영상을 말한다. 그렇다면 얼마나 짧아야 숏폼일까?

디지털 마케팅 솔루션 기업 메조미디어는 기업의 광고 및 홍보용 영상 길이가 2016년 이후 점차 줄고 있으며 2분 이하의 영상이 전체의 73%를 차지한다고 밝혔다.

숏폼 영상은 길이가 짧다 보니 제작과 편집이 간단할 뿐만 아니라 시청하기에도 부담이 적어서 홍보 마케팅에 적극적으로 활용된다. 이러한 '숏폼'은 틱톡에서 시작하여 이제는 메타(릴스), 유튜브(숏츠) 등 유명한 플랫폼에서 중요한 콘텐츠로 자리 잡으며 MZ세대가 가장 선호하는 콘텐츠로 주목받고 있다.

숏폼 콘텐츠가 대중화되면서 콘텐츠 문법도 달라지고 있다. 기존의 영상은 기승전결의 구성이 중요했다면, 숏폼 콘텐츠는 임팩트를 줄 수 있는 공감 포인트만 있으면 기승전결의 형식은 중요하지 않다. 최근 숏츠 영상으로 인기를 끌었던 [CU씨유튜브]의 '편의점 고인물'을 예로 들어보자. 편의점을 이용해봤거나 아르바이트를 해봤다면 한 번쯤 겪어봤을 이야기를 유쾌하게 풀어낸 숏드라마는 단기간에 누적 조회수 1억 회를 돌파하며 인기를 끌었다.

숏폼 영상은 민간기업의 마케팅에만 활용되는 것이 아니다. 공공영역에서도 MZ세대와의 소통을 강화하기 위해 숏폼 콘텐츠를 제작하려는 움직임이 활발하다. 대표적인 예가 대통령실에서 만든 15초 분량의 '한일 정상회담 성과' 영상이다. 대통령실에서는 일본 도쿄에서 열린 한일 정상회담 성과와 기대효과에 관한 내용을 15초짜리 짧은 쇼츠(Shorts) 3편으로 제작하여 [대통령, 윤석열] 유튜브 채널에 공개했다. △경제 △안보 △문화교류 편으로 구성된 시리즈 영상은 핵심 정보만 간결하게 소비하는 MZ세대를 겨냥한 것이다.

물론 공공기관에서 숏폼 콘텐츠를 기획하기는 쉽지 않다. 민간기업처럼 공감을 얻을 수 있는 강력한 포인트를 찾기 어렵고, 짧은 영상 안에 원하는 정책 내용을 모두 포함하기 어렵다. 그럼에도 불구하고 운영하는 채널에 변화가 생겼으니 이에 맞게 홍보영상의 기획 흐름을 바꾸어야 하는 게 홍보담당자의 숙명이다.

유형별로 알아보는 숏폼 콘텐츠 전략

디지털 마케팅 솔루션기업인 메조미디어는 〈2022년 숏폼 콘텐츠 마케팅 리포트〉에서 성공적인 숏폼 마케팅을 위한 콘텐츠 전략을 발표했다. 이를 토대로 유형별 숏폼 콘텐츠 전략을 요약해 소개한다.

유형 1. 직원들의 경험을 썰로 풀어낸 스토리텔링 콘텐츠

드라마, 썰, 시트콤 등 한 편의 영상 안에 완성된 이야기가 있는 스토리텔링 콘텐츠는 시리즈물로 제작할 수 있어 고정 팬을 확보하기에 용이하고, 채널의 구독률을 높일 수 있다는 이점이 있다.

ex) CU : 아르바이트생이 겪는 다양한 에피소드를 한 편당 1분 이하의 숏폼 드라마 형태로 제작한 '편의점 고인물' / 수협은행 : 직원들이

실제로 겪었던 일을 썰 형식으로 흥미롭게 풀어낸 애니메이션 콘텐츠

유형 2. 거부감 없는 메시지 전달 방법, 크리에이터 협업 콘텐츠

숏폼 플랫폼에서도 크리에이터의 영향력은 매우 크다. 크리에이터와 협업 콘텐츠를 제작할 때 크리에이터 콘셉트와 캐릭터 그대로를 제시하면서 해당 정책이나 메시지를 노출해야 유저들의 거부감을 없앨 수 있다.

ex) 써브웨이 : 1인 상황극 형식을 통해 공감 콘텐츠를 제작하는 유튜버 '사내뷰공업'과 협업하여 오픈·미들·마감 타임별 알바생의 모습을 담은 콘텐츠 제작 / 티빙 : 영화 '해피뉴이어'를 홍보하기 위해 성대모사 틱톡커 '릴리세은'과 협업하여 영화 주인공들을 성대모사하는 콘텐츠 제작

유형 3. 원본에 대한 호기심을 불러일으키는 클립 콘텐츠

유튜브 채널에 업로드된 원본 콘텐츠의 주요 장면을 편집해서 숏폼 콘텐츠로 노출하면 원본 콘텐츠에 대한 유입을 늘릴 수 있다. 숏폼을 통해 하이라이트, 미리보기 등 일부만 보여줌으로써 원본 콘텐츠에 대한 호기심을 유발하는 것이 공공기관에서 주로 활용하는 숏폼 콘텐츠 제작 방식이다. 유저가 브랜드 채널에 자발적으로 방문하게 함으로써 원본 콘텐츠의 정보를 온전히 전달하고 채널의 영향력을 확대할 수 있

다.

ex) 토스 : 자체 제작한 유튜브 다큐멘터리 '미식경제학'의 일부를 편집해 릴스 콘텐츠로 업로드하고 전체 영상은 유튜브 채널에서 볼 수 있음을 안내 / 신한은행 : 투자 정보를 담은 유튜브 콘텐츠를 편집하여 쇼츠로 업로드, 더 많은 정보를 얻기 위해서는 원본 콘텐츠를 시청하도록 댓글에 링크 삽입

유형 4. 핵심 정보를 압축한 정보성 콘텐츠

금융정보처럼 이용자가 유용한 정보를 원하는 업종이라면 핵심 내용만 간단명료하게 전달하는 정보성 콘텐츠를 활용하는 것도 좋다. 단, 정보 전달 과정이 지루하지 않도록 시간제한을 두어 영상의 집중도를 높이거나 이해를 돕는 자료화면을 이용하는 등 다양한 장치를 활용해야 한다. 부담 없이 접근할 수 있는 숏폼 콘텐츠는 전문성 짙은 정보에 대한 진입장벽을 낮추고, 브랜드에 대한 친밀감을 형성하는 데 도움이 될 수 있다.

ex) 미래에셋증권 : 주간 경제 일정을 쇼츠 콘텐츠로 전달, 주요 내용을 일별로 간단하게 정리하여 정보를 빠르게 확인 가능 / 야나두 : '정주행', '주4일제' 등 표현하기 어려운 영어 단어를 1분 안에 설명해야 하는 미션을 부여하여 재미를 더하고 콘텐츠 집중도 증대

뉴미디어 시대 콘텐츠 전달법, 카드뉴스

카드뉴스는 급변하는 모바일 환경에 최적화된 콘텐츠 형태이다. 짧은 텍스트가 포함된 여러 장의 이미지로 구성된 카드뉴스는 접근성이 좋고 정보를 빠르게 전달할 수 있어 페이스북, 인스타그램 등의 뉴미디어 콘텐츠로 각광받고 있다.

그렇다면 잘 만든 카드뉴스란 무엇일까? 예쁘고 화려하게 디자인된 카드뉴스일까? 아니다. 디자인보다 더 중요한 것이 콘텐츠다. 카드뉴스는 오로지 콘텐츠를 담아내는 그릇에 불과하다는 점을 잊지 말아야 한다. 반응이 좋은 카드뉴스를 제작하기 위한 몇 가지 원칙을 살펴보자.

① 도입-정보-정보 2-정보 3-정리 순으로 구성한다.

카드뉴스 콘텐츠는 대부분 10장 내외로 구성된다. 첫 장은 전체를 포괄하는 제목과 이미지, 다음 페이지부터는 관련 내용이 들어간다. 스토리가 있는 카드뉴스 콘텐츠라면 서론-본론-결론 순으로 구성되어야 한다. 정보성 카드뉴스는 도입-정보-정보 2-정보 3-정리 순으로 구성한다.

② SNS상에서 공유가 잘되는 콘텐츠 소재를 찾아라.

반응 좋은 카드뉴스를 만들기 위해서 가장 신경 써야 할 것이 '좋은 소재'를 찾는 것이다. 카드뉴스의 도달률과 공유를 유발하는 좋은 소재는 무엇일까?

- 시의성 있는 소재 (계절, 기념일, 최신 인기 드라마, 영화 등과 연계된 콘텐츠)
- 감성을 자극하는 휴먼 스토리 (정책 수혜 사례 등 감동 스토리)
- 차별화된 유용한 정보 (해당 기관에서만 제공할 수 있는 유용한 팁, 체크리스트, 노하우 대공개)

③ 후킹할 수 있는 제목을 뽑아라.

클릭을 유도하는 카드뉴스는 독자의 시선을 끄는 센스있는 제목에서 시작한다. 제목을 뽑을 때 아래 내용을 참고하면 도움이 된다.

- 숫자를 활용한다. (노하우 TOP 5, 체크리스트 5가지, 5가지 꿀팁!)
- 질문형 제목을 사용한다. (할인된다는 거 아시나요?, ○○○ 찾고 계신가요?, 왜 그런 걸까?)
- 카드뉴스를 읽을 타깃을 제목에 명시하라. (엄마들이 꼭 알아야 할, 50대라면 꼭 챙겨야 할, 소상공인을 위한 꿀팁!)
- 이득을 정확히 명시하라. (50% 감면받기, 공짜 이용법 등)
- 이 콘텐츠가 필요한 상황을 명시하라. (대중교통을 이용한다면, 전통시장을 즐기신다면?)

④ 예쁜 디자인이 아닌 가독성 높은 디자인에 집중하라.

카드뉴스 디자인의 핵심은 스마트폰에서 내용 전달이 잘 되게 만드는 것이다. 내용 전달이 잘 되기 위해서는 글자가 잘 읽혀야 한다. 잘 읽히는 디자인 구성에 집중하자.

- 제목을 제외한 본문 내용은 가독성 높은 고딕 계열의 폰트를 사용하자.
- 행간이 너무 넓을 경우 호흡이 끊겨 한 번에 읽기가 어렵고, 행간이 너무 좁을 경우 글자를 읽는 데 피로감을 느끼게 된다. (행간 조절의 황금비율 : 글자 크기에 1.618을 곱하여 나오는 숫자를 행간으로 설정 (예) 글자 크기가 16pt인 경우 행간을 (16×1.618=25pt로 행간

설정)

- 여백을 충분히 준다. 여백 공간을 충분히 주어야 가독성을 높일 수 있다.

- 한 페이지에 2~3개 이상의 색상을 사용하지 않아야 하며, 카드뉴스 전체 디자인 구성 시 통일감 있는 색상을 유지한다.

- 내용이 긴 경우 문장을 쪼개서 시각화한다.

- 문장이 긴 경우 왼쪽 정렬로 구성하고, 중앙정렬로 텍스트를 구성할 경우 문장 길이가 들쑥날쑥하지 않게 비슷한 길이로 맞추는 것이 좋다.

- 이미지보다 콘텐츠가 더 잘 보이게 디자인하자.

카드뉴스 쉽게 만들 수 있는 디자인 플랫폼

온라인에서 무료 템플릿을 사용하여 저작권 걱정 없이 쉽게 디자인 할 수 있는 플랫폼을 몇 가지 소개한다. 무료 디자인 플랫폼만 잘 활용 해도 손쉽게 카드뉴스, 유튜브 썸네일 등을 만들 수 있다.

□ 미리캔버스 (www.miricanvas.com)
PPT와 카드뉴스부터 동영상까지 원하는 디자인을 저작권 걱정없이 무료로 만들 수 있는 디자인 플랫폼
- 카테고리 별로 유튜브 썸네일, 상세페이지, 인스타 스토리 이미지 와 같은 웹용 템플릿과 스티커, PPT, 플래너, 인쇄용 배너, 현수막 등 다양한 형태의 디자인 템플릿 보유
- 초보자도 간편하게 원하는 디자인 작업 가능
- 무료로 이용할 수 있는 템플릿은 제한적 (유료 템플릿은 왕관 모양 의 아이콘으로 표시되어 있음)

□ 망고보드 (www.mangoboard.net)
대한민국 최초의 웹 기반의 프리미엄 디자인·동영상 플랫폼
- 카드뉴스, 인포그래픽, 프레젠테이션, 유튜브썸네일 등 프리미엄

템플릿 70,000장 이상 보유

- 매주 평균 고퀄리티 디자인 요소 2,000개 이상 업데이트

- 웹툰 제작을 위한 다양한 캐릭터 및 웹툰소스 보유

- 미리캔버스보다 동영상, 모션 템플릿 다양하게 보유

□ 캔바 (www.canva.com)

월간 활성 사용자가 1억 명에 달하는 글로벌 디자인 플랫폼

- 전문 디자이너가 만든 다양한 테마의 인포그래픽 템플릿과 수천 개
  의 일러스트레이션을 제공

- 데스크톱과 모바일 앱을 동시에 지원하기 때문에 스마트폰에서도
  작업 가능

- 문자 이미지 생성 AI 서비스 제공 (예 : '오토바이를 타고 도로를 달
  리는 고양이'라는 문장을 입력하면, 이를 기반으로 곧바로 사진을
  생성한다.)

- 무료로 이용할 수 있는 템플릿은 제한적 (유료 템플릿은 왕관 모양
  의 아이콘으로 표시되어 있음, 30일 무료 체험 가능)

저작권 걱정 없는 SNS 콘텐츠 제작 사이트

① 무료 이미지/영상 구하는 법

공공기관에서 제작하는 홍보물은 저작권을 특히 신경 써야 한다. 이때에는 저작권 문제가 없이 이미지/영상 등을 무료로 다운로드할 수 있는 사이트를 이용해 보자.

픽사베이 www.pixabay.com	- 글로벌 무료 동영상/이미지 사이트 - 한국어 지원 - 동영상, 사진, 일러스트, 백터 등의 파일 다운로드 가능
펙셀 www.pexels.com	- 방대한 양의 무료 영상/이미지 파일 보유 - 매주 새로운 이미지 업데이트 - 한국어 지원
언스플래시 www.unsplash.com	- 고해상도 사진과 감각적인 이미지 다수 보유 - 상업적인 것과 무료 사용 가능한 이미지가 섞여 있음 - 한국어 검색 가능

② 무료 폰트 구하는 법

카드뉴스 작성 시 무심코 사용하는 폰트 때문에 저작권 문제가 발생할 수 있다. 전문적으로 디자인 작업을 할 경우 상업적으로 사용 가능한 폰트를 구입하거나 무료 글꼴 사이트를 이용하면 좋다. 아래 표는 무료로 사용할 수 있는 폰트 사이트다.

네이버폰트 hangeul.naver.com	- 네이버에서 만든 무료 폰트 제공 사이트 - 나눔글꼴, 마루부리글꼴, 클로바나눔손글씨 무료 다운로드 가능
눈누 noonnu.cc	- 상업용 무료 한글 폰트 사이트 - 개성이 강하고 독특한 폰트 다수 보유 - 마음에 드는 폰트를 클릭하여 하단 라이선스 요약표 확인 후 사용 필요

③ 무료 음원 구하는 법

영상을 제작할 때 좀 더 효과적이고 재미있게 표현하려면 배경 음악이 필요하다. 이때 무료 음악과 음원을 이용하는 방법을 알아보자.

유튜브 오디오 라이브러리 youtube.com/audiolibrary	- 유튜브에서 운영하는 가장 대표적인 무료 음원 사이트 - 방대한 양의 효과음 보유
효과음 연구소 soundeffect-lab.info	- 상업적 이용이 가능한 일본 음원 사이트 - 고퀄리티 음원 다수 보유 - 사이트가 일본어로 되어 있어 크롬에서 한국어로 사이트 번역 후 사용 필요
브금저장소 www.bgmstore.net	- 효과음, BGM 등 무료 다운로드 가능 - 공포, 슬픔, 평화, 쓸쓸 등 50여 개의 감정별 카테고리 분류

소셜미디어의 홍보 효과 측정 방법

소셜미디어 운영 계획안을 작성할 때 반드시 제시해야 하는 것이 바로 KPI다. KPI(Key Performance Indicator : 핵심성과지표)란 목표 달성을 위해 핵심적으로 관리해야 하는 요소들에 대한 성과지표로써 미래성과에 영향을 주는 여러 핵심 자료를 묶은 성과평가다. 이 때에는 소셜미디어 운영의 목표가 명확해야 한다. 소셜미디어를 통해 국민과의 소통을 강화하는 것이 목표라면 좋아요, 댓글, 공유 수 등을 성과지표로 제시할 수 있다. 기관이나 정책 인지도를 높이는 것이 목적이라면 발행한 콘텐츠의 노출 및 조회수, 유튜브 영상의 시청 지속 시간 등을 측정할 수 있다. 공공기관에서 일반적으로 활용하는 소셜미디어 성과지표 항목을 소개한다.

소셜미디어 성과지표 측정 항목

측정 항목	세부 내용
계정 운영의 성실성	평가 기간 내 발행한 콘텐츠 개수를 집계하여 평가
계정 운영 성과의 발전성	이전 평가 기간 대비 성장률 · 구독자 수 증가율 · 총 노출·조회 수 증가율 · 평균 노출·조회 수 증가율
계정 운영의 소통 성과	평가 대상 기간의 구독자 증가 수 · 페이스북·인스타그램 : 팔로워 증가 수 · 유튜브 : 구독자 증가 수
	평가 대상 기간에 발행한 콘텐츠 노출 및 조회 수 합계 · 페이스북·인스타그램 : 게시물 노출 합계 · 블로그 : 포스트 조회 수 합계 · 유튜브 : 영상 조회 수, 시청 지속 시간 합계
	평가 대상 기간에 발행한 콘텐츠의 반응 수 합계 · 공감, 좋아요, 댓글, 공유, 북마크 등 반응 수 합계

제4장
직접 소통, 참여 홍보 노하우

홍보 예산이 없다고? 협업 기업을 찾아봐!

기업은 마케팅 예산 규모가 상당하다. 신제품이 출시되면 단기간에 마케팅과 방송 광고를 집행하여 소비자의 지갑을 열어야 하기 때문이다. 이렇다 보니 광고 한편을 제작하는데 몇억이 들어가고, 광고 집행비는 몇십억인 경우가 많다.

이에 비해 공공기관은 어떠한가? 기관의 예산을 삭감할 때 가장 먼저 거론되는 항목이 홍보 예산이다. 간혹 홍보 예산을 넉넉하게 받았더라도 매년 하반기에 진행되는 국정감사에서 지적받지 않을까 걱정되어 과감하게 사용하기도 어렵다. 상황이 이렇다 보니 홍보 아이디어가 많아도 실행하는 데 어려움이 따른다. 홍보는 기본적으로 어느 정도 돈이 들어가기 마련인데 늘 부족하기 때문이다. 이럴 때 여건을 탓하기보다

홍보 캠페인을 함께 할 협업 기업을 찾아보자. 공공홍보의 강점은 '공익성'에 있다. 따라서 공공기관에서 진행하는 캠페인은 기업들의 CSR 활동과 연계할 수 있는 주제가 많다. 대신 기획력이 필요하다. 기업 입장에서 Win-Win 할 수 있는 캠페인 제안이어야 한다.

사실 공공캠페인의 성패는 민간기업이 얼마나 적극적으로 참여하는가에 달려있다고 해도 과언이 아니다. 특히 홍보 예산이 많지 않은 지자체나 산하기관의 경우 민간기업과의 협업이 더욱 중요하다. 민간기업과 활발한 협업 캠페인을 진행한 사례를 몇 가지 소개한다.

'MZ가 좋아하는 힙한 기업은 다 모았다' 환경부 지구의날 캠페인

환경부는 2022년 '지구의날, 나부터 다회용으로!'라는 주제로 '하나뿐인 지구를 위해, 일회용 컵 줄이기 함께해요' 캠페인을 진행하며 유명 패스트푸드 브랜드와 커피 프랜차이즈를 참여시켰다. 그중에서도 맥도날드와는 텀블러를 가져온 모든 고객에게 커피를 무료로 제공하는 캠페인을 진행했다. 이후 맥도날드는 빨대가 필요 없는 음료 뚜껑을 선보이며, 매장 내 플라스틱 빨대가 있던 자리를 없애는 '빨대 은퇴식'을 개최하는 등 환경을 위한 노력을 지속해 가고 있다. 환경부의 협업 노력은 가상세계인 메타버스까지 확대된다. 환경부는 Z세대의 눈높이에 맞추기 위해 네이버 제페토와 협력하여 메타버스를 활용한 캠페인을 진행했다. 그 외에도 MZ세대가 심리테스트에 푹 빠져있다는 점을 홍보에 활용하기 위해 심리테스트 사이트인 푸망과 협업하여 '탄소중립 심리 테스트' 프로그램을 제작하여 캠페인을 추진하는 등 활발한 기업 협업을 진행하고 있다.

만약 환경부가 단독으로 캠페인을 진행했다면 어땠을까? 위에 언급한 캠페인을 추진하는데 상당한 예산이 소요됐을 것이다. 예산만 충분하면 성공했을까? 환경 캠페인은 국민의 참여와 호응이 성공을 가늠하는 잣대다. 이런 점에서 기업이나 플랫폼 서비스 업체와의 협업이 없었다면 참여율을 높이는 데 한계가 있었을 것이다. 환경부의 협업 캠페인은 SNS상에서 콘텐츠 확산력이 높은 MZ세대를 타깃으로 ESG 실천을 고민하는 기업들의 니즈와 잘 부합했기에 가능했다.

라인프렌즈와 협업, 4억 예산 절감한 외교부 '해외안전여행' 캠페인

필자의 경우 외교부의 '해외안전여행' 캠페인을 진행하며 IPX 주식회사와 협업하여 라인프렌즈 캐릭터를 캠페인에 무료로 활용하는 등 4억 이상의 홍보 예산을 절감시켰던 경험이 있다.

그 당시 일본에서 큰 인기를 끌었던 라인프렌즈는 일본 시장을 넘어 다양한 글로벌마켓으로의 확장을 계획하고 있었다. 필자는 캠페인을 기획하며 라인프렌즈 측에 인천공항 내에 라인프렌즈 캐릭터 홍보존을 마련해 주는 대신 라인프렌즈 캐릭터 무료 활용을 비롯해 2억 상당의 네이버 배너 광고와 2억 규모의 라인프렌즈 캐릭터 상품을 무상으로 지원받았다.

인천공항은 일반 기업이 쉽게 프로모션할 수 있는 공간이 아니기 때문에 해외 시장 진출을 준비하는 IPX 입장에서 인천공항을 무대로 한 라인프렌즈 홍보는 매우 매력적인 제안이 됐다. 외교부는 라인 캐릭터를 '해외안전여행'의 공식 홍보대사로 임명하고, 홍보물과 광고 영상에 라인 캐릭터를 활용함으로써 캠페인 호감도를 높여 역대 최고의 캠페인 성과를 낼 수 있었다.

다양한 기업과 협업해 그린리더 키우는 환경재단

환경 전문 공익재단인 환경재단은 기업들과 함께 지속가능한 미래를 위한 환경운동을 주도하고 있는 대표적인 기관이다. 실제 환경재단은 한화그룹과 '맑은학교 만들기 캠페인', 롯데백화점과 '리얼스(RE: EARTH) 프로젝트', GS리테일과 '에코크리에이터', SSG닷컴, 테라사이클과 '캡틴 쓱: 게임체인저' 등 다양한 캠페인을 진행하고 있다.

한화그룹과 추진하고 있는 '맑은학교 만들기 캠페인'은 초등학교에 태양광 설비 및 공기질 개선 설비를 지원해 친환경 에너지를 생산하고, 교내 공기질을 개선하는 친환경 사회공헌 활동이다.

롯데백화점과 추진하는 '리얼스(RE: EARTH) 프로젝트'는 시민들을 대상으로 쓰레기를 주워오면 친환경 물품으로 교환해주는 프로그램이다. 리얼스 마켓 해양편은 약 2200여 명이 참가해 1만8900L 이상의 해양쓰레기를 수거했으며, 리얼스 마켓 도시편에서는 약 1000여 명의 참여자가 일반쓰레기 2250L, 페플라스틱 1250L, 재활용품 1000L를 수거했다. 이 외에도 환경재단은 GS리테일과 환경 관련 영상 콘텐츠를 제작하는 크리에이터 육성 프로그램인 '에코크리에이터'를 5년째 운영하고 있다.

공공기관도 굿즈가 대세!

공공기관의 홍보물이나 기념품은 어떤 것이 있을까? 기관 로고가 박힌 포스트잇이나 볼펜, 텀블러, 에코백 등이 떠오르는가? 그동안의 홍보물은 공짜라서 가져가지만 커다랗게 박힌 로고 때문에 사용하기 싫어지는 것이 많았다. 기념품도 마찬가지다. 트렌드를 쫓아가지 못하는 공공기관의 기념품은 소비 가치가 떨어져서 애써 내 돈 주고 사는 일은 드물었다.

그러나 최근에는 공공기관에서 만든 기념품들이 품절 대란을 일으키는 사례가 증가하고 있다. 트렌드를 읽고, 재미 요소와 퀄리티를 높이고 사회적 가치를 담아내면서 달라진 풍경이다.

MZ 트렌드 읽은 국립중앙박물관의 굿즈 마케팅

'현재 주문량이 급증하여 홈페이지 접속이 지연되고 있습니다. 이용에 불편을 드려 죄송합니다.'

국립중앙박물관 뮤지엄숍에서 판매하는 굿즈 상품이 품절되면서 홈페이지에 올라왔던 공지글이다.

박물관에서 만든 굿즈가 품절이 됐다고? 이례적인 일이지만, 국립중앙박물관에서 판매하는 반가사유상 굿즈는 지난해 이미 2만개 이상 판매되며 현재까지 치열한 구매 경쟁이 이어지고 있다. 부러운 것은 굿즈 홍보를 MZ세대가 대신 나서서 해준다는 사실이다. 굿즈를 구매한 소비자들이 유튜브를 통해 국중박(국립중앙박물관) 굿즈 리뷰 영상을 올리고, SNS에 바이럴하면서 품절 대란이 지속되고 있다.

실제로 국립중앙박물관에서 나오는 굿즈를 보면 입이 떡 벌어질 만한 세련됨을 갖췄다. 자칫 지루해 보일 수 있는 한국의 전통미를 기본으로 하면서도 요즘 MZ세대가 원하는 힙한 매력까지 갖추고 있다.

도대체 어떤 기획 과정을 거쳤기에 이런 대박 상품이 나올 수 있었을까? 바로 MZ세대의 소비 트렌드를 반영한 덕분이다. 재미있게 즐기는 소비에 가치를 부여하고, 소유보다는 경험을 공유하는 MZ세대의 소비문화가 문화 상품 흥행에 큰 요인이 되고 있다.

국가보훈처 × 부루마블 씨앗사 콜라보 제품 '부루마블 대한독립'

공공기관이 민간기업과 협업하여 만든 교육용 홍보물이 정식 출시 2분 만에 완판되며 인기를 얻은 사례가 있다. 국가보훈처와 보드게임 브랜드 부루마블 씨앗사가 협업해 출시한 '부루마블 대한독립'이 그 주인공이다. '브루마블 대한독립'은 국가보훈처가 청소년들이 보드게임을 통해 흥미롭게 역사를 배우고자 하는 취지로 제작된 에디션이다. 이 제품이 이토록 뜨거운 관심을 받은 이유는 뭘까? 바로 역사의식을 함양할 수 있는 게임 플레이 방식 때문이다.

부루마블 대한독립은 기존의 부루마블 게임과 달리 모든 플레이어가 힘을 모아 6개의 독립운동기지를 건설하고 '광복'을 이루는 것이 목표다. 게임에 역사적인 스토리를 담아내며 게임을 플레이하는 과정에서 자연스럽게 역사 공부를 할 수 있도록 구성하다 보니 학부모들의 입소문을 타고 큰 호응을 얻을 수 있었다.

주문 쏟아지는 인천시 '친환경 비누명함'

인천시가 선보인 친환경 비누명함도 출시하자마자 관내 기업과 개인들의 주문 전화가 끊이지 않고 있다. 친환경 비누명함은 물에 녹는 종이에 환경이나 인체에 무해한 콩기름 잉크와 천연 세정제를 더해 손세정제 기능을 한다.

명함 앱의 등장으로 인해 명함을 받고 연락처를 저장하고 나면 명함이 버려진다는 점에 착안하여 비누로 재탄생하는 명함을 만든 것이다. 인천시는 시 본청과 산하기관 공무원들을 중심으로 활용하려고 했으나 출시와 더불어 좋은 호응을 얻자 관내 노인인력개발센터와 함께 본격적으로 제품화하여 판매하고 있다.

진화하는 공공기관 캐릭터

공공기관에서 다양한 캐릭터들이 쏟아지고 있다. 정부부처·지방자치단체에서 만든 캐릭터가 530여 개가 넘는다고 한다. 홍보 목적으로 제작되었지만 존재 자체도 모르는 경우가 많아 세금만 낭비한다는 비판도 받아왔다.

그랬던 공공기관 캐릭터에 변화의 바람이 불고 있다. 몇몇 사례를 통해 변화의 흐름을 읽어보자.

전국 최초로 '공무원 버튜버' 선보인 강서구

가장 눈에 띄는 것이 강서구가 선보인 '공무원 버튜버 새로미'다. 버튜버는 '버츄얼 유튜버'의 줄임말이다. 카메라나 특수 장비를 통해 2D

또는 3D 캐릭터가 인터넷 방송을 진행하는 것으로 공공기관에서는 처음 시도하는 것이다. 강서구 공무원 버튜버의 정식 이름은 '새로미'다. 기존의 강서구 마스코트 이름에서 따온 것으로 강서구청 홍보정책과 소속이다. 강서구는 젊은 세대가 많은 지역이기에 MZ세대와 새로운 방식으로 소통하기 위해 버튜버 캐릭터를 활용했다. 급속도로 변화하는 환경에서 살아남기 위해 기존 관행에서 벗어날 수 있도록 공무원들에게 자유롭고 창의적인 환경을 만들어 준 덕분이다.

<쇼미더머니9>에 출연한 충주시 캐릭터 '충주씨'

충주시의 캐릭터 '충주씨'는 '제2의 펭수에 도전하는 캐릭터'로 손꼽힐 만큼 인기를 누리고 있다. 충주 달래강에 사는 수달에서 모습을 따온 충주씨는 충주시 공무원으로 근무하며 지역 농산물 홍보에 앞장서고 있다. "사과하십쇼. 사과 사십쇼. 충주 사과"를 반복해 노래하는 뮤직비디오도 관심을 얻었다. 충주씨는 TV 홈쇼핑 방송에 출연해 충주 과일 세트 품절 사태를 이끌어내고 힙합 서바이벌 프로그램 '쇼 미 더 머니 9'에도 출연했다.

팬사인회 여는 울산시 캐릭터 '울산큰애기'

굿즈 판매는 물론 팬사인회까지 하는 지자체 캐릭터가 있다. 울산시 캐릭터 '울산큰애기'다. '울산큰애기'는 가수 김상희 씨의 노래 〈울산큰애기〉 속 여성을 모티브로 개발된 캐릭터다.

울산큰애기는 중구 공무원이다. 2017년 4월 중구청 9급 명예공무원으로 임용됐고, 2019년 3월 8급, 지난해 9월 7급으로 승진했다. 캐릭터지만 집도 있다. 성남동에 있는 지상 3층 건물이다. '울산큰애기 하우스'라는 이름의 집 2층이 그의 방인데 침대와 옷장, 화장대, 컴퓨터 등 온통 핑크빛이다. 이 집에선 큰애기 굿즈를 판다. 인형과 머그잔, 우산, 그립톡 등 100여 종의 상품이 있다. 큰애기 하우스에는 새로운 굿즈가 나올 때마다 마니아층이 모인다. 팬들을 지칭하는 팬네임도 있다. 쫀드기다. 울산지역의 별미 간식인 '쫀드기'에서 따왔다. 인증서와 스티커 등을 담은 팬덤 상품 '쫀드기 꾸러미'와 이모티콘을 출시하기도 했다. 캐릭터가 인기를 얻으며 올해 4월에는 팬 사인회도 진행했다.

이들 캐릭터의 인기는 단순히 보기 좋은 디자인 때문에 생긴 것은 아니다. 시각적인 요소에 지역의 특성을 반영하고 캐릭터에 스토리를 담으면서 완성됐다. 여기에 캐릭터 스스로 트렌드에 걸맞는 신박한 콘텐츠를 만들고, 지역민들과 친근하게 소통하며 활동 영역을 넓혀간 덕분이다.

참여 홍보의 끝판왕, 공공 행사 성공법

공공기관에서 진행하는 오프라인 캠페인은 국민이 직접 참여한다는 점에서 의미가 크다. 하지만 행사를 추진하는 담당자는 부담이 많이 되는 업무이기도 하다. 국민의 '세금'으로 치러지는 행사인데다 국민과 기관장의 피드백을 현장에서 바로 전달받기 때문이다. 조금만 과해도 "내가 낸 세금을 저렇게 쓴다고?"라는 질책을 받을 것이고, 조금만 허술하면 "준비 안 된 행사"라는 쓴소리를 듣게 된다. 그래서 공공기관의 행사는 잘해야 본전인 경우가 많다.

그렇다면 '잘'한다는 게 뭘까? 공공 행사이기 때문에 특별히 신경 써야 할 사항들을 정리했다.

① 관계자가 많은 공공 행사, 커뮤니케이션을 잘해야 한다.

공공기관에서 진행하는 행사는 단일부처에서 추진하는 경우가 거의 없다. 매년 7월 진행되는 세계인구의날 기념행사를 예로 들어보자. 이 행사는 복지부가 주최하지만 실질적인 업무 추진은 산하기관인 인구보건복지협회에서 주관한다. 여기에 서울시 등 지자체가 공동 주관사로 함께 하고, 다양한 기업들이 협찬사로 참여한다. 다시 말해 행사 담당자는 인구보건복지협회와 커뮤니케이션을 하면서 주최기관인 복지부 담당자에게 최종 컨펌을 받는다. 공동 주관사인 서울시와 내용을 공유해 협조 사항을 논의하고, 협찬사들과도 일일이 커뮤니케이션하며 협조 사항을 협의해야 한다. 설명만 들어도 머리가 아프다. 이렇다 보니 커뮤니케이션만 잘해도 행사의 절반은 성공한 것이나 다름없다. 어떠한 행사를 진행하더라도 꼼꼼한 커뮤니케이션이 필수지만, 공공기관 행사의 경우 디테일한 커뮤니케이션과 관계 기관 사이에서의 업무 조율 능력이 매우 중요하다.

② 사회적 약자와 친환경 요소를 고려해야 한다

공공기관 행사는 공익을 목적으로 개최하는 경우가 많다. 이렇다 보니 아무리 좋은 취지의 행사라도 공익에 조금만 벗어나면 뭇매를 맞기 쉽다.

몇 해 전 서울시에서 아리수가 담긴 일회용 패트병을 시민들에게 나누어주는 홍보 행사를 진행한 적이 있다. 이날 행사에 참여한 시민들은 SNS에 아리수 홍보 글 대신 산처럼 쌓여 있는 패트병을 찍어 '친환경에 역주행하는 서울시의 아리수 홍보 행사'라는 제목의 게시물을 올렸다.

최근에는 국회에서 미세플라스틱 특별법 토론회를 개최하며 일회용 커피컵을 제공해 당일 토론회에 참가한 환경단체로부터 지적을 받기도 했다.

이처럼 공공 행사의 경우 단순히 행사 준비만 신경 써서는 안 된다. 시민들이 참여하는 공익 행사는 환경에 저해하는 요소는 없는지 장애인이나 노인, 어린이 등 사회적 약자들이 참여하는 데 어려움이 없는지 고려해야 한다.

동물 학대 논란도 없어야 한다. 지자체 행사를 진행하면서 어린이들에게 볼거리를 제공하기 위해 양과 염소 등의 동물 우리를 만들어 먹이 주기 체험을 진행한 적이 있다. 어린이들에게 큰 호응을 얻으며 잘 마무리되었다고 생각했던 행사는 다음 날 한 인터넷 신문에 '시멘트 바닥 우리에 갇힌 동물들'이라는 사진과 함께 동물 학대 논란 기사가 실렸다. 양과 염소는 시멘트 바닥에 걷게 해서는 안 된다는 것을 행사 담당자는 몰랐던 것이다.

③ 안전사고에 대비해야 한다.

행사를 진행할 때 가장 중요한 것이 안전사고에 대비하는 것이다. 이를 위해서는 충분한 인력을 배치하는 것이 중요하다. 하지만 충분하지 못한 예산 때문에 담당자들은 딜레마에 빠진다. '보이는 것에 좀 더 투자할 것인가?' '눈에 잘 안 띄는 안전요원 배치를 위해 더 많은 예산을 할애할 것인가?' 예산 부족이 항상 문제가 된다.

그럼에도 불구하고 시민들이 참여하는 행사는 안전관리 계획을 잘 갖추는 것이 중요하다.

국민 참여 행사 시 안전관리 계획

응급 지원체계 구축 계획	- 행사장 내 일반의약품과 혈압계, 체온계 등 의료장비 비치 - 구급차, 응급조치 요원의 사전 배치 계획 수립 - 인근 병원 목록 작성 및 비상 연락체계 구축
종합안내소 설치·운영 계획	- 물품 보관·분실물 센터 설치 및 운영 - 어린이 실종 사고 예방을 위한 미아보호소 운영과 이에 따른 미아 발생 시 조치 요령 - 재해 취약층(노인, 장애인, 어린이, 외국인 등)에 대한 안전관리 대책 마련
안전관리 요원 자원봉사자 의전 요원 배치	- 안전관리 요원 배치 계획 - 교통 주정차 요원 배치 계획 - 행사장 관람객의 집중에 대비한 대책 - 행사 출연자 및 VIP 의전 요원 배치 계획

제5장
도전! 공공홍보 제안 입찰

나라장터가 뭐예요?

10여 년간 홍보대행사에서 안 해 본 것 없이 경험했다고 자신했기에 '공공홍보라고 크게 다르겠어?'라는 안일한 생각으로 공공홍보대행사에 첫 출근을 했다. 팀원들과 인사를 끝내자마자 본부장이 기다렸다는 듯이 업무지시를 시작했다.

"팀장님, 지금 제안 입찰 몇 건을 준비하고 있는데요. 나라장터 들어가시면 고용부 노사문화 과업지시서와 복지부 저출산 과업지시서가 올라와 있을 거예요. 확인해 보시고, 팀장님이 하고 싶은 거 먼저 말씀해 주세요."

일단 뭔가를 시작한다는 것도 부담이었지만 도대체 '나라장터'가 뭔지, '과업지시서'가 뭔지 생소한 용어 때문에 당황스러웠다. 그러나 팀장으로 이직했기 때문에 누구에게 쉽게 물어보기도 어려운 상황이었다.

일단 포털사이트 검색창에 나라장터를 검색하기 시작했다. 나라장터는 통합 전자조달, 입찰 시스템이라고 되어 있었다.

나라장터 사이트에 들어가 복지부 저출산 캠페인부터 검색하니 여러 건의 저출산 캠페인 용역들이 보였다. 이 중 최근에 뜬 저출산 캠페인 용역을 클릭하니 과업지시서와 제안요청서가 하단에 첨부되어 있었다.

'아! 공공기관 입찰 정보는 이렇게 알 수 있구나!"

공공홍보대행사에서의 첫 출발은 나라장터 시스템을 알아가면서 시작됐다. 맨땅에 헤딩하면서 익힌 나라장터 활용법을 공유한다.

사전규격 단계에서 발주상황을 모니터링하자.

일찍 일어나는 새가 벌레를 잡아먹는다고 했다. 본 공고 후에 입찰을 준비하기엔 늦은 감이 있다. 경쟁업체는 사전규격 단계에서부터 입찰을 준비할 가능성이 크기 때문이다.

사전규격 단계는 입찰 전 과업지시서를 나라장터 사이트에 올려놓으면 참여할 업체와 조달청에서 과업지시서에 문제가 없는지 검토하고 의견을 받기 위해 진행한다. 대부분 사전규격 단계에서 제안요청서, 과업지시서 등이 모두 공개되는 게 일반적이다.

따라서 지속적인 모니터링을 통해 사전규격 단계에서 입찰 정보가 올라오면 입찰에 참여할지 말지에 대한 판단, 참여할 팀 세팅, 협력업체 선정, 사전 자료조사 등을 미리 준비해 두는 게 좋다.

입찰 전 반드시 과거의 입찰 정보, 개찰 결과 등을 확인하자.

나라장터 사이트에는 입찰 정보뿐 아니라 개찰 정보와 유찰 여부, 업체별 순위 정보 등을 확인할 수 있다.

적을 알고 나를 알면 백전백승한다고 하지 않았던가? 동일 용역의 경우 지난해 입찰에 참여했던 업체들이 올해도 입찰에 참여할 가능성이 크다. 따라서 지난해 개찰 결과를 통해 경쟁률과 참여업체, 낙찰업체를 파악하는 것이 중요하다. 입찰 참여업체를 파악하면 우리 쪽에서 어떤 제안을 무기로 장착할지 판단이 선다. 무엇을 강조하고, 어떤 것을 차별화 전략으로 내세울 수 있을지 전략의 기초를 제시할 수 있다.

지난해와 올해의 과업지시서 내용을 비교해 보자.

나라장터에 과업지시서가 올라오면 올해의 용역만 확인하고 제안서를 준비하는 경우가 많다. 하지만 클라이언트의 핵심 니즈를 파악하기 위해서는 과거 몇 년간의 과업지시서를 함께 비교해 보는 것이 필요하다. 지난해와 홍보 방향이 다르지 않다면 과업지시서 내용에 큰 차이가 없을 것이다. 하지만 올해 홍보 과업이나 커뮤니케이션 포인트가 달라졌다면 과업지시서 상에 지난해와 다른 포인트의 요구사항이 추가되어 있을 것이다.

제안 전에 지난해 과업지시서와 무엇이 달라졌는지를 알면 어디에 포인트를 두어야 하는지도 판단이 쉽다. 더불어 왜 커뮤니케이션 포인트를 달리하려 하는지 상황분석 단에서 확실히 짚어줌으로써 과업에 대한 이해도를 높이는 데 효과적이다.

가격입찰도 전략이다

PT 분위기가 좋았다며 잔뜩 기대에 부풀어 있던 팀원들이 개찰 결과를 보며 당황할 때가 있다.

"뭐야? 기술평가에서 1등인데 가격 점수로 뒤집힌 거야?"

간혹 기술점수는 최고점인데 입찰 가격을 너무 높게 써서 1등이 2등으로 뒤바뀌는 경우가 있다. 제안요청서에 보면 특별한 경우를 제외하고는 가격점수가 20점을 차지한다. 따라서 입찰 참여 업체 간 기술점수 격차가 작을 경우 입찰 가격을 조금만 낮게 쓰면 2위 업체가 1위로 올라오는 경우가 종종 발생한다.

저녁이 있는 삶을 여러 날 반납하며 준비한 제안의 결과가 제안 퀄리티와 상관없이 가격점수로 뒤바뀐다고 생각해 보자. 얼마나 억울한 일인가? 입찰 가격을 전략적으로 제시해야 하는 이유가 바로 여기에 있다.

공공홍보 용역에서 기술점수와 가격점수 비중이 기존 80:20에서 90:10으로 넘어가는 추세라고는 하지만 여전히 홍보 용역의 90% 이상이 가격점수 20점을 유지하고 있기 때문에 가격입찰도 전략이 필요하다.

그렇다면 가격입찰 전략은 어떻게 짜야 할까? 사실 가격입찰 성공 공식이 따로 있는 것은 아니다. 그러나 몇 가지 참고할 만한 사항은 있다.

지난해 입찰에 참여한 업체들의 가격입찰 점수를 확인하자.

가격입찰 전에 기준으로 삼을 수 있는 것이 과거 참여업체들의 입찰 금액이다. 올해도 비슷한 수준의 업체들이 참여한다는 전제하에 지난해 가격입찰 정보를 확인해 보면 입찰 기준을 정하는 데 도움이 된다.

지난해 기술점수 격차를 확인하자.

홍보대행사에 몸담고 있지만 클라이언트 요청으로 공공기관의 홍보 입찰에 심사위원으로 참여하는 경우가 있다. 대부분 특별한 요구를 하지 않지만 가끔 좋은 제안 업체가 가격점수 때문에 떨어지는 것을 우려해 업체 간의 기술점수 차이를 충분히 두어 달라고 요청할 때가 있다.

따라서 지난해 개찰결과표에서 기술점수의 차가 얼마나 나는지를 확

인해 볼 필요가 있다.

홍보 입찰에 실패하지 않는 방법

입찰 기간이 되면 팀마다 웃고 우는 일이 많다. 그중에서도 매년 빠지지 않는 눈물겨운 에피소드는 제안서 제출에 실패한 경우다.

마지막까지 최선을 다해보고자 당일 아침까지 제안서를 수정하다 보면 제본할 시간이 부족해진다. 가슴을 졸이며 간신히 제본을 마치고 제안서 제출 장소로 출발한 팀원들이 잘 도착했다는 전화가 올 때까지 그야말로 피 말리는 시간이다. 이처럼 초긴장해야 하는 이유는 조달청의 경우 1분이라도 늦게 도착하면 입찰 자체가 안되기 때문이다.

한 해 1백여 건의 제안서를 제출하는 필자의 회사에서는 매년 한 차례씩 조달청 제출에 실패하는 일이 발생하곤 했다.

이유도 가지가지다. 가격입찰을 제안 제출 당일 오전 10시까지 미리 해야 하는데 깜박 잊고 못 할 때도 있고, 지방 조달청으로 제안서를 제출하러 간 팀원이 기차 안에서 잠이 들어버려서 제안서 제출에 실패한 적도 있다. 코로나19 이후 온라인 제안 제출이 늘어나면서 이런 일은 줄어들었지만, 시스템이나 네트워크 문제로 인해 입찰을 시도하는 과정에서 제안서 업로드를 못하는 경우가 발생하기도 한다.

제안요청서에 명기된 페이지 제한도 엄수해야 한다. 제안서를 50페이지 내로 작성하라고 되어 있으면 50페이지에 맞추는 것이 좋다. 설마 하는 생각에 페이지를 넘기면 현장에서 눈물을 머금고 초과한 페이지는 찢어버린 후 제출해야 하는 일이 발생할 수 있다.

가격입찰은 마감 전날 미리 해두자.

앞선 사례에서 이야기했지만 입찰할 때 가장 많이 하는 실수가 가격입찰 시간을 놓치는 경우다. 대부분 가격입찰은 재무팀에서 나라장터 시스템에서 전자입찰 방식으로 진행하고, 제안서는 홍보 실무팀이 진행하는 식으로 이분화되어 있는 경우가 많다. 이렇다 보니 홍보팀에서 제때 입찰 가격 정보를 재무팀으로 넘기지 않거나 재무 담당자가 입찰 시간을 놓치기도 한다. 특히 가격입찰은 제안서 제출 시간보다 앞서 진행되기 때문에 제안서 마무리에 온통 정신이 팔린 상황에서 가격입찰을 잘했는지 다시 한번 체크하기란 쉬운 일이 아니다. 따라서 아무리 바쁜 상황이라도 가격입찰은 마감 하루 전에 미리 진행하는 것이 안전하다.

제안서도 마감 전날 마무리하자.

제안서의 완성도를 높이겠다고 제안 마감 당일 아침까지 수정작업을 진행하는 경우가 있다. 이런 상황은 실무팀에서 작성한 제안서를 임원진이 검토하는 과정에서 전략 방향이 바뀌거나 프로그램이 추가될 경우에 발생한다. 이 때 팀장의 역할이 중요하다. 임원진의 요청을 모두 수용할 것인가? 제안작업을 시간 안에 안전하게 마무리할 것인가에 대한 판단을 해야 한다. 필자의 경우 상부의 요구사항을 일부 수용하지 못하더라도 마감 하루 전에는 제안작업을 마무리하는 것을 택해 왔다. 완벽한 것도 중요하지만, 안전한 것이 더 중요하다.

입찰서류는 최소 3명 이상 확인하자.

공공 입찰에 참여하면서 가장 어려운 것이 입찰서류 준비다. 부처마다 입찰서류나 양식이 조금씩 다르기도 하지만, 준비해야 할 서류의 양이 많다 보니 여러 번 확인해도 늘 불안하다. 불안함을 잠재우기 위해서는 크로스 체크가 필수다. 재무팀에서 챙겨준 입찰서류는 제안을 준비하는 팀에서 한번, 제안을 총책임지는 본부장급에서 한 번 더 챙겨 완벽히 하는 것이 필요하다.

입찰 장소에 1시간 전에 도착하고, 가장 늦게 나와라.

제안서가 완료되었다면 여유 있게 출발하자. 그렇다고 가장 먼저 제출하고 나오라는 말이 아니다. 제안서를 너무 일찍 내고 오면 동일 용역에 몇 개 업체가 입찰했는지, 입찰에 참여한 업체가 어디인지 확인할 길이 없다. 따라서 미리 도착하되 입찰 마감 때까지 대기하여 입찰 참여업체가 몇 군데인지 어느 업체가 참여했는지 최대한 파악하고 올 수 있도록 애써보자.

전략의 근거, 리서치로 뒷받침하라

상대방을 설득하는 데 있어 수치화된 근거만큼 강력한 것이 있을까? 수많은 고객에게 우리의 홍보전략을 설득시키는 가장 확실한 방법이 바로 '데이터'다.

눈으로 보이는 숫자는 설득의 강력한 무기!!

공공 입찰 시장은 치열한 전쟁터와 같다. 2~3억 규모의 입찰에 7~8개 업체가 경쟁한다. 이렇다 보니 제안서에서 업체별로 차별점을 찾기 어렵다. 험난한 전쟁터에서 이기기 위해 강력한 무기를 장착하고 싶지만 실상은 고만고만한 칼 한자루만 들고 서로 싸우는 격이다. 그렇다면 전쟁터에서 이기기 위해서는 어떤 무기를 준비해야 할까? 바로 '데이터(리서치)'다. 특히 준비한 제안서에서 전략의 근거가 부족하다면 '데이터(리서치)'로 근거를 만들 필요가 있다.

흔히 홍보 커뮤니케이션에 있어 리서치는 성과측정을 위한 방법으로 활용된다. 하지만 리서치가 커뮤니케이션에 있어 진짜 힘을 발휘할 때는 바로 '진단'의 기능을 가졌을 경우다. 숫자로 정확히 현 상황을 진단하고 이를 기반으로 전략의 방향을 제시할 때 고객의 설득력을 높일 수 있다.

남들도 찾을 수 있는 데이터는 NO! 우리만의 데이터로 승부하라!

데이터로 승부하라고 하면 열심히 포털을 검색해서 논문이나 보고서에 실린 데이터를 찾아낸다. 그러나 해당 데이터는 경쟁업체도 찾을 수 있는 것들이다. 이렇다 보니 10개 업체가 PT를 하면 8개 업체는 동일한 데이터를 가지고 심사위원을 설득한다. 첫 번째 업체 PT에서는 그럴듯했던 데이터도 2~3번째 업체가 동일한 내용을 보여주면 식상해진다. 따라서 남들과 다른 특별한 데이터로 승부해야 한다.

전략을 뒷받침하기 위해 새롭게 조사한 리서치는 심사위원들의 설득력을 높이는 데 도움이 된다. 또한 새로운 정보이기 때문에 발표 내용에 관심을 집중시키는 효과도 얻을 수 있다. 여기에 전문 리서치 업체를 통해 조사했다는 설명을 덧붙이면 '제안 준비를 위해 별도로 리서치했다고?? 노력이 가상한데…' 같은 심리적 가산점이 추가된다.

예를 들어 기관의 홍보전략을 짜기 위해 발주기관에 대한 '인지도·호감도·지지도'를 묻는 설문조사를 진행해 제안서에 결과를 추가해 보자. 기관에 대한 국민 인지도는 높으나 호감도가 낮다면 호감도를 높이는 홍보를, 정책 지지도가 낮다면 정책에 대한 우호 여론을 형성할 수 있는 홍보 전략을 제시하면 된다.

홍보 메시지 도출이나 홍보대사를 제안할 때도 기존 홍보 메시지에 대한 국민 인식조사, 홍보대사 선호도 조사 결과를 추가하면 강력한 설득력을 가질 수 있다.

데이터는 전략을 뒷받침할 수 있는 근거자료로 활용하라!

제안서를 작성할 때 가장 먼저 하는 일이 관련 데이터를 검색하는 것이다. 이렇게 찾아낸 데이터는 일반적으로 기관이나 정책에 대한 현 상황을 진단하는 근거로 활용된다.

그러나 데이터가 강력한 설득력을 발휘하기 위해서는 홍보전략을 뒷받침하는 근거로 활용하는 것이 좋다. 그렇지 않은 데이터는 페이지 늘리기를 위한 장표에 그치는 경우가 많다. 다시 말해 정답을 정해놓고, "왜 이게 정답이냐면…. 이런 데이터를 보면 알 수 있어"가 되어야 한다.

홍보 입찰의 꽃, 프레젠테이션

프레젠테이션을 잘하는 방법은 무엇일까?

어떤 스타일로 프레젠테이션 해야 높은 점수를 받을 수 있다는 정형화된 답은 없다. 단지 오랜 경험에서 볼 때 화려한 언변보다 진정성 있는 자신만의 프레젠테이션 스타일을 만들어가는 것이 중요하다.

스티브 잡스의 프레젠테이션 스타일이 인기를 끈다고 꼭 그를 따라할 필요는 없다. 잘못하면 부자연스럽게 느껴질 수 있고, 이러한 부자연스러움은 평가위원들에게 진정성 없는 모습으로 비칠 수 있다.

필자의 경우 해당 정책과 관련된 경험을 이야기하는 것으로 발표를 시작하거나 제안을 준비하면서 고민했던 핵심 과제를 짚는 것으로 프레젠테이션을 시작하는 편이다. 가끔 스킬 좋은 프레젠터의 PT를 볼 때면 '우와~~ 나도 저렇게 하고 싶다'라는 생각이 들 때도 있다. 하지만 평가위원들의 피드백은 화려한 스킬 보다 고민의 흔적이 드러나는 진정성 있는 발표가 훨씬 신뢰감을 높일 수 있다고 설명한다.

하지만 간혹 제안서 내용이 훌륭해도 사업에 대한 이해가 부족하여 평가위원을 설득시키는 데 실패할 때가 있다. 제안서는 실무진에서 준비하고, 프레젠테이션은 임원이 할 때 그런 일이 발생한다. 과업지시서에 '프레젠테이션은 반드시 총괄 책임자가 해야 함'이라고 명기될 때가 있다. 규모가 작은 회사는 총괄 책임자가 대표이사일 때가 많다 보니 제안서는 직원이 작성하고 대표이사는 발표만 하는 일이 생긴다. 제안에 참여하지 않은 대표이사가 제안서의 세부 내용을 깊이 있게 이해하기 어렵고 설명을 듣는다고 해도 최신 트렌드나 이슈를 단기간에 파악하지 못한다. 내용 숙지가 충분하지 않으니 프레젠테이션 결과가 좋을리 없다.

따라서 제안 단계에서부터 프레젠터를 누구로 할 것인지 확정한 후 프레젠터는 제안 작업에 직접 참여하여 내용을 깊이 있게 파악하는 노력을 해야 한다.

성공하는 프레젠테이션 핵심 꿀팁!

① 오프닝부터 시선을 끌어라.

프레젠테이션(PT) 순서에 따라 전략도 달라져야 한다. PT가 뒤쪽으로 배치되어 있다면 상황 분석에 할애하는 시간을 줄이고 임팩트 있는 오프닝으로 시선을 끌어보자. 이미 앞선 업체들이 제안 발표를 하면서 상황에 대한 평가위원들의 이해를 높여놨기 때문에 장황한 상황 분석은 평가위원들의 피로도만 높일 뿐이다. 대신 신선한 오프닝으로 임팩트를 높여보자. PT 첫 장에 의미 있는 사진 한 장, 강조하고 싶은 숫자를 노출하는 것만으로도 현 상황의 핵심을 보여줄 수 있다.

한 예로 보건복지부에서 진행하는 암 예방 캠페인 제안 PT를 준비하며 제안서 첫 장에 숫자 3개만 크게 노출했다. 한해 암에 걸리는 환자 수와 사망자 수, '나는 아닐 거야'라는 암에 대한 국민 인식을 수치화한 숫자였다.

제안서에 10여 장의 장표로 설명해놓았던 것을 한 장의 PPT에 담아 짧지만 임팩트 있게 문제 제기를 시작했다. 이처럼 제안서와 발표자료는 반드시 동일하게 구성할 필요는 없다. 발표자료는 프레젠터가 설명하기 쉽도록 재구성하여 별도로 제출하는 것도 방법이다.

② 핵심을 먼저 말하라.

프로그램의 복잡한 로직을 설명하기 전에 핵심 내용을 먼저 강조하자. 자세하게 설명하지 못하는 것을 아쉬워하지 말자. 평가위원들이 프로그램을 이해하지 못했다면 질의응답 시간에 질문할 것이다. 이때 보충 설명을 하면 된다.

③ 프로라면 발표 시간 엄수는 기본!

민간 기업의 제안 평가에서는 발표 시간을 엄수하지 못해도 큰 문제가 되지 않는다. 하지만 공공기관의 제안 발표는 다르다. 발표 시간이 15분이라면 5분 남았을 때 종을 한번 치고, 15분을 넘기면 감점 처리되는 경우가 종종 있다. 그만큼 시간 엄수가 중요하다. 발표 시간을 잘 맞추기 위해서는 충분한 연습이 필요하다.

가끔 시간 안배를 못해서 정작 중요한 프로그램은 절반밖에 설명하지 못하고 마무리하는 경우가 있다. 열심히 준비한 제안 내용을 제대로 설명하지 못했는데 좋은 결과를 기대할 수 있겠는가?

④ 프레젠테이션보다 중요한 것이 질문에 대한 답변이다.

제안 발표만 열심히 준비한다고 끝이 아니다. 프레젠테이션보다 더 어려운 것이 평가위원들의 질문에 답하는 것이다. 평가위원들이 홍보 전문가로 구성되었다면 다행이지만 정책 담당자나 정책 전문가가 평가 위원으로 구성되었다면 질문의 내용이 크게 달라질 수 있다.

평가위원이 홍보 전문가라면 홍보 관점에서 질문을 하지만 정책 전문가는 홍보 제안임에도 불구하고 정책 관련 질문을 하거나 생각지도 못한 요소를 궁금해할 수 있다. 따라서 홍보 전문가 외의 사람들로부터 예상 질문을 받아보고 다양한 관점에서 답변을 준비해 두자.

⑤ 평가위원의 의견에 강하게 반박하지 말자.

가끔 평가위원이 제안서 내용을 지적하거나 문제를 제기하기도 한다. 이때 평가위원을 설득하기 위해 자신의 입장을 강하게 주장하거나 반박해서는 안 된다. 어쨌든 점수를 주는 사람은 평가위원이다. 강하게 반박하기보다는 "위원님의 좋은 지적(의견) 감사합니다. 저희도 위원님이 생각하시는 문제를 고민하지 않은 것은 아니나 이러저러한 이유에서 다음과 같은 전략이 더 효과적이라고 생각해서 제안했습니다."라는 식으로 답변하자. 평가위원의 지적 사항에 대해 제안 단계에서 이미 고민했었다는 점을 강조하고 그런데도 이런 전략을 수립하게 된 이유에 대해 좀 더 설득력 있게 설명해 주면 된다.

PT 후 리뷰 리포트를 작성하라

PT를 마치고 나면 모든 게 끝난 것 같은 홀가분한 느낌이 든다. 하지만 PT 후에 꼭 진행해야 할 마지막 작업이 있다. 바로 리뷰 리포트를 작성하는 것이다. 앞서 이야기했듯이 공공 입찰의 경우 매년 동일한 주제로 입찰 공고가 뜬다. 따라서 PT 정보를 정리해 두면 다음 해 동일한 입찰에 참여할 경우 큰 도움을 받을 수 있다. 매년 PT 평가에 들어오는 평가위원이나 제안에 참여하는 업체가 비슷하다. 따라서 입찰 결과를 기록해 두는 것만으로도 다른 업체가 갖고 있지 않은 특별한 정보를 확보할 수 있다.

이때 반드시 작성해야 할 것이 참여했던 평가위원 정보, 평가위원들의 질문 내용, PT 참여업체, PT를 준비하면서 아쉬웠던 점은 무엇인지 등을 포함한 리뷰 내용이다.

에필로그

얼마 전 신문에 광고·홍보·마케팅 분야에서 구인이 어렵다는 기사를 읽었다. 광고 홍보 분야가 MZ세대에게 외면당하고 있다는 내용이었다. 기사를 읽으니 공공홍보 인력이 줄어들까 봐 걱정이 크다.

지금은 정책 입안 과정부터 국민이 참여하는 시대다. 국민의 지지를 받지 않은 일방적인 정책은 실패한 것이나 마찬가지다. 그렇기에 공공 영역에서 홍보 전문가의 역할이 중요하다.

홍보 업무는 야근이 잦고 불시에 발생하는 이슈에 대응하다 보면 주말 근무도 불사해야 하는 업무 특성을 가졌다. 그러나 워라밸이 없는 삶이 힘겹기만 한 것은 아니다. 전문가가 부족한 공공홍보 영역에서 전문가로서의 역할을 하고 있다는 것이 행복하게 느껴질 때가 많다.

공공홍보 시장은 여전히 블루오션이다. 몇 년 전까지만 해도 공공분야에서 홍보의 중요성이 크지 않았으며 순환보직의 공무원들이 홍보업무를 진행하는 것을 당연하게 생각해 왔다. 그러나 지금은 공공 영역에서도 홍보 전문가를 채용하는 경향이 늘어나고 있다. 그러니 홍보에 관심 있는 MZ라면 과감히 도전해 보자. 더 나은 대한민국을 만들기 위해서는 공공소통이 중요하다. 그 일을 함께하는 것이다.

공공홍보, 어떻게 해야 할지 막막하다고? 그럴 때면 이 책을 펼쳐보면 된다.

트렌드가 빠르게 변하고, 새롭게 등장하는 매체도 많아지면서 참신한 홍보 콘텐츠를 기획하는 것이 점점 어려워진다. 이럴 때면 남들이 만들어 놓은 레퍼런스를 참고하면 도움이 된다.

남의 레퍼런스를 참고하는 것을 부끄러워하지 말자. 다양한 레퍼런스를 참고하다 보면 새로운 아이디어가 떠오른다. 이런 조각의 아이디어를 재해석하면 나만의 크리에이티브가 탄생한다. 아이디어가 떠오르지 않을 때 영감을 줄 수 있는 '필독' 사이트들을 모아봤다.

최신 트렌드를 읽을 수 있는 뉴스레터 서비스

까탈로그 the-edit.co.kr/newsletter	라이프스타일 미디어 디에디트가 만든 까다롭게 고른 취향저격 트렌드를 소개하는 뉴스레터
캐릿(Careet) www.careet.net	대학내일에서 만든 MZ세대 소비 트렌드를 소개하는 뉴스레터
뉴닉(NEWNEEK) www.newneek.co	정치, 경제, 세계, 환경 등 모든 분야에서 세상 돌아가는 소식을 간편하게 받아볼 수 있는 뉴스레터

광고/캠페인 레퍼런스 사이트

TVCF www.tvcf.co.kr/Worked/CF	국내외 인쇄, 라디오, 옥외, TV, 바이럴 등 여러 매체 광고 레퍼런스를 볼 수 있는 사이트
치명적인 레퍼런스 www.youtube.com/channel/UCFYzgvUMohWj7Lx3PxRXHSQ	유튜브 기반의 광고 레퍼런스 소개 사이트
칸 국제 광고제 www.canneslions.co.kr	칸 국제 광고제 사이트 수상작 및 트렌드를 볼 수 있다.
광고의 모든 것 www.youtube.com/user/AllaboutAD	크리에이티브 레퍼런스 저장소
Campaign Brief Asia campaignbriefasia.com	아시아에서 진행하는 광고캠페인 레퍼런스 모음
돌고래 유괴단 www.youtube.com/channel/UCUsLcIQq0poAfOxRyJbxlLA	자사의 독특한 레퍼런스 모음
스투시 마케팅 블로그 blog.naver.com/stussy9505	국내외 다양한 마케팅/광고 콘텐츠, 소셜미디어 정보 공유
공공소통연구소 www.loud.re.kr	연구소에서 진행한 공공캠페인 사례 모음
힐링브러쉬 healingbrush.kr/index	자사의 다양한 공익 캠페인 사례 모음
스낵아이디어 www.instagram.com/snack__idea	마케팅, 광고 아이디어 모음 카드뉴스, 인스타그램 썸네일 디자인을 참고하기에 좋다.

최신 트렌드를 누구보다 빠르게 확인할 수 있는 매거진

MAD Times www.madtimes.org	마케팅 커뮤니케이션 전문지 IMC, 광고, PR, 콘텐츠, 브랜드 등의 정보 제공
메조미디어 www.mezzomedia.co.kr **나스미디어** www.nasmedia.co.kr	미디어랩사에서 제공하는 트렌드 분석 리포트를 볼 수 있는 사이트
Adweek www.adweek.com	최신 광고 트랜드를 확인할 수 있는 영문 매거진
The PR www.the-pr.co.kr	홍보 관련한 다양한 이슈 및 트렌드 제공

카피가 떠오르지 않을 때 참고할만한 사이트

adim21 (아딤) www.adim21.co.kr	1988년 카피부터 모아놓은 사이트
카피의 힘 blog.naver.com/jjong0496	국내외 광고 카피를 소개하는 블로그
광고 카피 222개 모음 channel.io/ko/blog/copy222	식품, 가구, 건강, 뷰티 등 분야별 대표 광고 카피 222개 모음
일본 광고 카피 모음 egloos.zum.com/lepathos/ v/5764126	일본 광고 카피 모음 사이트

부록 II   예비 홍보인을 위한 FAQ

1. 홍보대행사는 워라밸이 불가능하다?

홍보대행사에 취업하기를 꺼리는 가장 큰 이유가 잦은 야근과 주말 근무 때문이다. 그러나 요즘은 주 52시간 근로 기준을 따르는 회사가 늘어나는 추세다. 코로나19 이후 재택근무를 권장하는 회사도 많아졌다. 특히 규모가 큰 대행사일수록 다양한 복지제도와 근무 혁신을 실천하는 모습이다.

그러나 야근이나 주말 근무가 아예 없는 것은 아니다. 홍보 입찰이 많은 시즌(1월~3월이 특히 입찰이 몰리는 시즌이다)에는 야근이나 주말 근무를 각오해야 한다. 또한 담당하는 기업이나 기관에서 부정 이슈가 발생했을 때는 이슈가 소멸할 때까지 워라밸은 포기해야 한다.

이 외에도 야근을 즐기는 상사나 일 중독 상사를 만나면 그 팀은 자연스럽게 야근이 많아진다. 다시 말해 워라밸은 케바케다.

2. 홍보대행사는 광고홍보학과나 언론정보학부 졸업생을 선호한다?

홍보대행사 직원 중 광고홍보학과 전공자가 많은 것은 사실이다. 하지만 광고홍보학 전공자를 선호해서라기보다는 지원자 중 광고홍보학과 졸업생이 많기 때문이다.

전공자가 아니어도 홍보에 관심이 많고, 홍보 공모전에 참여하여 좋은 결과를 얻었거나 SNS 채널을 운영 노하우나 트렌드를 잘 알고 있다면 충분히 도전해 볼 만하다.

특히 홍보대행사는 사람과의 유대관계나 커뮤니케이션 능력이 중요하기 때문에 인턴 경험을 통한 커뮤니케이션 능력 또는 조직생활 경험을 돋보이게 소개하면 좋은 평가를 받을 수 있다.

3. 홍보대행사 입사 후 처음 하게 되는 일은?

홍보대행사는 제안서를 쓰고 경쟁 PT를 통해 홍보 사업을 수주해야 회사가 운영될 수 있기 때문에 제안서 작성 업무가 가장 중요하다. 완성한 제안서로 팀리더가 PT를 멋지게 하여 프로젝트를 수주하면 본격적인 실행에 들어간다. 신입AE는 프로젝트 실행의 기본 업무인 데일리 뉴스 클리핑과 미디어리스트 업데이트 등의 업무를 맡는다. 또한 온라인 운영팀이 별도로 없는 경우 클라이언트의 SNS 채널 운영을 담당하기도 한다. 다시 말해 아침에 출근하면 뉴스 클리핑을 시작하고 이후 보도자료를 배포하고 배포한 보도자료를 잘 받았는지 담당 기자들에게 전화해서 확인하고, 담당기자가 바뀌었을 경우 미디어리스트를 업데이트하여 팀에 공유해야 한다. 그 외에는 SNS 채널을 운영하거나 사수가 하는 일을 지원하는 것으로 하루를 마무리한다.

가끔은 '이런 단순 업무를 하려고 내가 좋은 대학을 나온 게 아닌데,'

라는 생각이 들 때도 있을 것이다.

그러나 이러한 경험이 바탕이 될 때 역량있는 AE로 성장할 수 있다는 점을 잊지 말자.

4. 홍보대행사와 인하우스의 차이

홍보대행사는 클라이언트와의 커뮤니케이션이 중요하기 때문에 어떤 프로젝트를 맡게 되는지, 클라이언트 담당자 성향은 어떤지에 따라 향후 1년의 삶이 결정된다.

반면 기업 홍보팀의 경우 다른 팀과의 커뮤니케이션이 중요하다. 사내에서 진행되는 일들을 미리 파악해서 대외적으로 홍보할 수준이 되는지, 어느 시기에 어떤 방식으로 홍보를 진행해야 하는지를 정해야 하기 때문에 타 팀과의 관계가 매우 중요하다.

특히 홍보대행사와 인하우스의 차이는 부정 이슈 발생 시 가장 크게 느낄 수 있다. 대행사에는 클라이언트 기업에서 부정 이슈가 발생하게 되면 이슈 모니터링을 하고, 이슈 추이에 따라 어떻게 대응해야 할지 컨설팅을 진행한다. 직접 민원을 접수하는 등 민원인을 상대하는 것은 아니다.

반면 이슈 발생 시 인하우스 홍보팀은 전쟁터가 된다. 빗발치는 기자들의 취재 요청에 대응해야 하고, SNS로 쏟아지는 부정 댓글에 응해야 한다. 또한 부정 기사에 대한 임원진 보고와 질책도 홍보팀의 몫이다.

한 권으로 끝내는 공공홍보 이론부터 실전까지

초판 1쇄 발행 | 2023년 8월 14일

지은이 | 조은경
펴낸이 | 김지연
펴낸곳 | 마음세상

주 소 | 경기도 파주시 한빛로 70 515-501

신고번호 | 제406-2011-000024호
신고일자 | 2011년 3월 7일

ISBN | 979-11-5636-528-0 (03190)

원고투고 | maumsesang2@nate.com

* 값 14,500원

* 마음세상은 삶의 감동을 이끌어내는 진솔한 책을 발간하고 있습
니다. 참신한 원고가 준비되셨다면 망설이지 마시고 연락주세요.